Le code communautaire CEMAC de la marine marchande de 2012

Collection « Affaires maritimes et Transports »

Codirigée par
les Pr Martin NDENDE et Isabelle BON-GARCIN

Le secteur des activités maritimes et des transports constitue non seulement un socle majeur de la vie économique (transport de passagers et de marchandises par terre, air, mer, pêches industrielles et artisanales, activités portuaires et aéroportuaires, exploitation des ressources pétrolières en mer, etc), mais encore le témoin privilégié des communications entre les peuples, et le baromètre des échanges commerciaux à la fois nationaux, internationaux et communautaires.
Il est parallèlement aussi, et à n'en point douter, un secteur de sinistralité sensible (accidents de la circulation, catastrophes maritimes, crashs aériens), ainsi que le cadre privilégié des activités de défense ou des politiques de sûreté à travers le monde (activités des flottes navales et aériennes, lutte contre la piraterie, le terrorisme, et les trafics illicites).
La collection envisagée se veut, de ce point de vue, à la fois :
- ***multidisciplinaire :*** publication de travaux en sciences juridiques, économiques, humaines et sociales autour des problématiques relatives aux domaines maritimes et des transports tous modes confondus (ce qui englobe donc les secteurs aériens, routiers, ferroviaires, fluviaux, maritimes et lacustres, et peut-être demain le secteur aérospatial) ;
- ***pragmatique :*** en faisant cohabiter, ou en créant des passerelles, entre les travaux purement académiques nécessaires aux milieux universitaires et scientifiques, avec des publications issues de milieux professionnels ou tenant compte des besoins des praticiens et des milieux économiques) ;
- ***et entièrement ouverte au monde*** : recherches en Langue française effectuées en France, en Europe, au Canada, en Afrique, dans l'ensemble des Pays en développement, et dans le reste du monde.

Déjà parus

Syrine ISMAILI, *Sécurité, sûreté maritime et facteur humain, Le cas de la Tunisie,* 2018.
Alvine Bélise HAPPI, *Les autoroutes de la mer, Aspects juridiques,* 2017.
Paulette NGO MBOGBA-MIKANO, *Le droit international de la sûreté maritime de 2002 en Afrique subsaharienne,* 2015.
Clément SEKA ABA, *Contribution à l'étude juridique des concessions portuaires,* 2015.
Paulette NGO MBOGBA-MIKANO, *Le droit de la navigation intérieure en Afrique centrale : vers la communautarisation,* 2012.

Sous la direction de
Eric DIBAS-FRANCK

ASSOCIATION CONGOLAISE
DU DROIT MARITIME

Le code communautaire CEMAC de la marine marchande de 2012

Préface de Martin Ndende

L'Harmattan

5-7, rue de l'Ecole-Polytechnique, 75005 Paris

http://www.editions-harmattan.fr

ISBN : 978-2-343-13748-3
EAN : 9782343137483

PREFACE

Souvent critiquée pour l'extrême lenteur de son processus d'intégration régionale sur les plans économique et social (la liberté de circulation demeure par exemple purement textuelle et lamentablement anecdotique comparée à l'Afrique de l'Ouest), la zone CEMAC, en Afrique centrale, surprend paradoxalement par le remarquable dynamisme de son intégration juridique, et le secteur maritime vient ici le confirmer de fort belle manière…

- **La CEMAC, championne de l'intégration juridique et maritime**

Il s'agit en effet, et à n'en point douter, de la seule région en Afrique, et probablement au monde, qui offre l'extraordinaire particularité d'avoir à la fois un Code communautaire de l'aviation civile, un Code de la navigation intérieure, un Code de la route – laissons de côté le vieux Code des douanes – une Convention inter Etats sur le transport multimodal international des marchandises et, au firmament des codifications, un Code communautaire de la Marine marchande souvent salué pour sa grande modernité. Chacun reconnaîtra volontiers que dans un seul espace régional, une telle moisson de législations communautaires dans le domaine des transports n'est point un fait banal, et qu'en cela le Droit de la zone CEMAC s'érige en modèle de succès pour les autres régions d'Afrique et du monde.
Le Code communautaire de la marine marchande, qui a été institué depuis le 22 décembre 1994, au temps de l'UDEAC, avait connu après plusieurs péripéties, une

grande réforme conduisant à l'adoption d'un nouveau Code le 03 août 2001.
Et c'est dernière version qui a été, à son tour, réformée en Juillet 2012 par un Règlement n° 08/12-UEAC- 088-CM-23 portant adoption du tout nouveau Code communautaire de la marine marchande de la CEMAC, actuellement en vigueur.
Mais les paysages législatifs étant en réalité *« souvent abondamment peuplés de bois morts »* - pour reprendre une délicieuse expression attribuée au Doyen CARBONNIER - la vitalité de nos codifications mérite en permanence d'être mesurée et évaluée. Et c'est à cet exercice de première importance que la jeune Association Congolaise du Droit Maritime (ACODM) a convié ses consœurs du Cameroun (l'ACDM), du Sénégal (l'ASDM), et de la Côte d'Ivoire (AIDM), aux côtés de leur marraine française (l'AFDM) venue marquer sa solidarité traditionnelle et son partenariat francophone.
C'est donc dire toute l'importance de la rencontre internationale de Pointe-Noire au Congo, organisée le 20 Juillet 2017 sous l'égide de l'ACODM sur le thème *« Cinq ans d'existence et d'application du Code communautaire CEMAC de la Marine marchande de 2012 »* et dont le présent ouvrage constitue la quintessence.

- **Le Code CEMAC à l'heure de son premier bilan de santé**

Comme l'a fort opportunément rappelé le Colonel Eric DIBAS-FRANCK, Président de l'ACODM, lors de la cérémonie d'ouverture, l'objectif de ce Colloque était de *« célébrer un instrument au service de la communauté maritime et portuaire afin d'imaginer l'économie bleue de demain et d'éclairer avec un regard lucide les enjeux actuels et fixer le cas échéant de nouvelles perspectives »*. Et en écho à ces propos, son homologue camerounais, Maître

Gaston NGAMKAN, l'a harmonieusement rejoint en insistant sur le fait qu'il s'agissait très concrètement *« d'assurer la promotion, la vulgarisation et la mise en musique de notre jeune instrument communautaire portant droit uniforme en Afrique centrale, afin d'en faciliter l'intelligibilité, l'appropriation et l'application tant par les professionnels du domaine maritime et portuaire (transporteurs, entrepreneurs de manutention, entrepreneurs de transport multimodal, transitaires...) que par les acteurs du giron judiciaire (avocats, magistrats, huissiers de justice...), sans oublier le monde universitaire (enseignants et étudiants) »*. Il s'agit incontestablement d'une initiative judicieuse et opportune qui mérite absolument d'être applaudie et renouvelée dans l'avenir. Et c'est aussi redire toute l'importance du présent ouvrage.

A travers ce Colloque, un bilan du Code s'imposait en effet, et ce à plusieurs titres : d'abord, au regard des difficultés rencontrées traditionnellement dans toute construction juridique d'envergure internationale ou communautaire; ensuite, en considération des inévitables différences d'approches selon les pays et selon les autorités (y compris parfois celles d'un même pays) ; et enfin, compte tenu de la vitesse très variable de l'appropriation des textes par les institutions nationales des Etats membres qui comptent ici, il convient de le rappeler, quatre pays côtiers (Cameroun, Congo, Gabon, Guinée Equatoriale) et deux pays enclavés (République centrafricaine et Tchad), sachant par ailleurs que l'un d'eux est hispanophone (la Guinée Equatoriale), tandis qu'un autre est bilingue Français-Anglais et soumis à un système « bijural » reposant sur une combinaison du Droit civil et de la *Common Law* (le Cameroun). C'est ici que l'on peut mesurer tout l'intérêt législatif et la mystique salutaire d'un système juridique uniforme et communautaire. Car la norme unique a alors vocation à s'appliquer dans l'ensemble de l'espace communautaire de

la même manière, en effaçant les particularismes juridiques et culturels nationaux susceptibles de constituer d'inutiles îlots de balkanisation ou des obstacles à l'intégration et à la création d'un grand marché régional.
Le Code communautaire de la Marine marchande de la CEMAC qui véhicule la puissante sève nourricière issue des conventions internationales les plus pertinentes du monde maritime s'avère de ce point de vue un merveilleux facteur d'unification du Droit et un bel instrument au service de l'universalité du Droit maritime, même s'il convient de ne pas occulter les nombreuses critiques qui viennent accabler cet instrument juridique peu convaincant dans certains choix fondamentaux, et à l'obésité quelque peu douteuse, voire franchement nuisible (il contient en effet 800 articles que très peu de personnes liront ou appliqueront en réalité). Autant alors se souvenir ici, comme l'a si souvent rappelé notre éminent collègue français Christian ATIAS, que *« codifier est véritablement un art et une science »*, et qu'en cela nos Etats devraient définitivement comprendre les lourds enjeux de la légistique et désormais sacraliser cette mission de haut intérêt général pour ne pas abandonner la souveraineté de nos Etats entre des mains irresponsables. Car comme le disait encore PORTALIS, *« Il ne faut toucher aux lois que d'une main tremblante »...*
Mais les « applications » nationales de ce Code sont-elles véritablement à la hauteur des attentes placées dans ce précieux instrument de communautarisation du Droit maritime ? La question mérite d'autant plus d'être posée que, comme chacun le sait, tous les Etats-membres liés par ce Code ne l'ont pas encore suffisamment vulgarisé.

- **Une évaluation sans concession mais prometteuse**

La lecture des différentes communications présentées durant les travaux de Pointe-Noire confirme à la fois la richesse des enseignements et les avancées appréciables dans la mise en application de cet instrument, tout comme les inévitables difficultés qui jonchent ce parcours au long cours.

Ce qui frappe ici d'emblée le lecteur c'est un début de foisonnement des applications de ce texte et des nombreuses et délicates problématiques qu'il est amené à régler notamment dans le domaine des saisies de navires, qu'il s'agisse de la saisie conservatoire, de la saisie-vente (ancienne saisie-exécution), ou même lors des procédures d'immobilisation forcée diligentées par les autorités publiques.

Sous la plume très éclairée de solides praticiens, nos lecteurs découvriront de riches et étonnants enseignements tirés de la pratique jurisprudentielle au Cameroun (par Maître NGAMKAN) et au Congo (par Maîtres Roland BEMBELLY et Claude COELHO) même si ces trois experts déplorent ici en chœur la vitesse très variable des juridictions nationales à s'approprier pleinement ce Code, ou parfois sa totale et *« peu glorieuse »* méconnaissance par certains juges nationaux, voire de manière plus surprenante certains *« cas marginaux de résistance délibérée »*.

Rien néanmoins ne semble ici avoir été laissé dans l'obscurité, aussi bien l'étonnant rôle consultatif confié en la matière à *« l'autorité maritime compétente »*, que le détail systématique des procédures à suivre devant les tribunaux, y compris les délicates problématiques de la cohabitation de ce Code communautaire avec les textes de l'OHADA et notamment l'Acte uniforme du 10 Avril 1998 portant organisation des procédures simplifiées de recouvrement et des voies d'exécution.

Même s'il est indéniable, pour l'instant, que les Etats africains n'ont plus de flottes marchandes véritables (notamment depuis l'anéantissement organisé de la règle de répartition des trafics 40-40-20 prévue par la Convention de Genève de 1974 portant Code de conduite des conférences maritimes) l'on notera avec grande satisfaction que le Code CEMAC qui a courageusement maintenu cette règle n'a pas négligé le Droit des « gens de mer », et ce nonobstant une détestable confusion entre cette notion et celle de « marin ».

Surtout, et comme l'a expliqué avec justesse Mr. Jean Félix MOUTHOUD-TCHIKAYA (ancien Directeur général de la Marine marchande du Congo), le Code révisé de 2012 se trouve désormais très étroitement aligné sur les dispositions très innovantes de la Convention consolidée de l'OIT sur le travail maritime (dite MLC 2006), si bien que ledit Code va très favorablement renforcer et développer les droits en matière d'emplois et les droits sociaux des gens de mer, et rendre le respect de ces droits obligatoire par les Etats membres. Osons croire en cette prophétie…

Nos lecteurs seront également intéressés de mesurer les immenses possibilités d'application du Code communautaire dans le domaine de la manutention portuaire (les règles de conflit prévoyant que la loi applicable en cette matière soit celle du port où s'effectuent ces opérations). Ils mesureront au passage, sous la démonstration très convaincante de Maître Elisabeth WAMBO MAGAMGO, l'état de la jurisprudence (camerounaise) actuelle ainsi que toutes les précisions contentieuses nécessaires à la mise en œuvre de l'action en responsabilité contre le manutentionnaire désormais soumise, comme celle du transporteur maritime, à une prescription « biennale ».

Mais au-delà des manutentionnaires, c'est l'ensemble du secteur d'activité des auxiliaires de transport de la zone CEMAC qui retrouve ici une loi commune et moderne, même s'il faut à juste raison rejoindre les percutantes analyses de Patrice BAZOLO qui se demande si la codification actuelle garantit véritablement, sur le plan politique, le développement d'un *« contenu local »*. Les enjeux sont en effet colossaux et affectent nécessairement la souveraineté des Etats dans leur politique économique de promotion des entreprises locales, de formation d'acteurs locaux, de lutte contre le chômage et d'encouragement du dynamisme économique local par la fourniture active des biens et services produits localement. C'est indéniablement un sujet majeur, quand on sait à quel point les ports africains se retrouvent parfois sous la mainmise des investisseurs étrangers, au point de donner le sentiment d'avoir été privatisés par ces derniers.

Enfin, de manière embryonnaire, mais tout aussi prometteuse, le Code CEMAC, commence aux dires de nos experts, à couvrir de nouveaux autres domaines d'application jurisprudentielle tels que la détermination des règles de compétence territoriale dans le transport maritime de marchandises (car fréquemment se pose la question de la juridiction territorialement compétente dans les litiges relatifs au transport maritime international de marchandises), ou encore autour de la notion de faute inexcusable de l'armateur faisant échec aux plafonds de réparation, et il convient de s'en féliciter.

Mais l'une des facettes extrêmement méritoires de ce Colloque de Pointe-Noire - autre intérêt majeur du présent ouvrage - aura été, à nos yeux, d'avoir examiné la situation et les conditions d'application du Code CEMAC non seulement de *lege lata*, mais aussi et encore de *lege ferenda*.

- **Le Code CEMAC entre son présent et son avenir**

L'une des observations particulièrement importantes qui s'est dégagée des communications des experts au cours

des travaux du présent colloque semble concerner un certain nombre d'erreurs conceptuelles et de fond qui ont caractérisé ce Code et qui sont susceptibles de gêner son application actuelle et future. Nous ne reviendrons pas sur l'inutile obésité de ce Code et sur certains de ses choix extrêmement discutables qui mériteraient à eux seuls un autre colloque. Mais qu'il nous soit permis de relever, avec l'un des intervenants, le caractère surprenant et extrêmement fâcheux de la définition du navire proposée par ce Code dans son article l'article 2 § 47 lequel présente en effet le navire comme « *tout bâtiment utilisé pour transporter les marchandises en mer* ». Le champ d'action de la navigation maritime se trouve ainsi doublement et inexplicablement limité, d'une part à l'activité du « transport », et d'autre part exclusivement au transport des « marchandises », ce qui ferme la porte aux navires de pêche et à tous les autres bâtiments de mer, y compris aux plates-formes de forage nombreuses dans le Golfe de Guinée, et forcément au transport maritime des passagers, une restriction qui pénalisera au moins deux Etats de la CEMAC, le Gabon et la Guinée Equatoriale qui ont des îles habitées (dont une capitale, Malabo, à l'Ile de Bioko).
Les experts ont également déploré la rédaction très imparfaite des textes sur la limitation de responsabilité en matière de créances maritimes (par exemple les articles 103 et 111), et notamment un certain nombre de coquilles typographiques qui n'en facilitent pas l'intelligibilité et l'application, rendant ainsi nécessaire un nouveau carénage du Code.
Un autre expert, le Dr. Joseph NGUENE NTEPPE, fin connaisseur de la matière, a également fortement regretté le traitement insuffisant, voire insignifiant, par le Code des questions relatives à la facilitation du commerce maritime, et alors que chacun connait leur extrême importance pour la fluidité du commerce desservant l'hinterland et les Etats

sans littoral, et alors même que la zone CEMAC en compte deux (la République centrafricaine et le Tchad) et de vastes hinterlands à désenclaver économiquement. D'où sa judicieuse plaidoirie pour une mise à jour du Code en ce domaine.

Une autre préoccupation des intervenants concerne l'institutionnalisation d'une « Chambre maritime » au sein des juridictions d'instance et d'appel, et surtout une « Chambre spécialisée » au sein de la Cour de justice communautaire de la CEMAC pour connaître des recours en contentieux maritimes et dont on présage déjà difficilement la possible cohabitation (envisageable en ce domaine ?) avec la Cour Commune de Justice et d'Arbitrage de l'OHADA (CCJA).

Nos lecteurs seront cependant quelque peu surpris par l'évocation d'une articulation difficile entre le Code CEMAC et les autres textes juridiques internationaux et communautaires applicables en matière de sûreté maritime. En effet, comme le souligne en premier Mme Paulette NGO MBOGBA, auteur d'un ouvrage de référence en la matière, il semble difficile au regard des exigences des textes internationaux et au regard de l'architecture du Code lui-même, de soutenir que le législateur communautaire a une vision clairement définie de la politique de sûreté maritime et portuaire dans l'espace CEMAC. Ce constat est à juste raison préoccupant quand on se souvient que des assaillants venus du large ou des côtes voisines ont pu, dans cette région, fréquemment organiser des prises d'otages et des vols à mains armées en attaquant des plates-formes de forage, des navires d'avitaillement, des pétroliers et des navires marchands, mais également des banques et même (heureusement sans succès) le coffre-fort d'une Présidence de la République…

Mais cette vision critique semble également indirectement confortée par les analyses très avisées d'un autre spécia-

liste, en l'occurrence le Capitaine de Frégate Cyrille ATONFACK. Cet expert militaire démontre, en matière de lutte contre la piraterie et autres actes de criminalité dans le Golfe de Guinée (y compris dans le cadre du droit de poursuite), que les textes de référence dans la lutte menée par les Etats du Golfe de Guinée sont en réalité plutôt ceux adoptés au sein de la CEEAC (qui fait coexister les Etats de la CEMAC avec la République Démocratique du Congo, et Sao Tomé et Principe), en l'occurrence le Code de conduite de Yaoundé de 2013, et les accords sécuritaires internes à la CEEAC. Il en résulte, aux yeux de tous, une sorte de totale transparence du Code CEMAC, qui interpelle les autorités sur l'épineuse question de sa mise en harmonie avec l'arsenal juridique maritime et sécuritaire construit autour de la CEEAC.
Pire, cet expert déplore l'existence d'une autre grande menace, par le subtil truchement des financements offerts par les bailleurs de fonds: celle d'une déconstruction progressive et dangereuse du Droit communautaire dans le Golfe de Guinée, qui aboutirait finalement à la marginalisation des Etats et à la validation de la présence des Sociétés Militaires Privées (SMP) d'obédiences occidentales et américaines. Ces craintes méritent à juste titre d'interpeller d'urgence les autorités de la CEMAC et celles de l'ensemble de la CEEAC pour une totale maîtrise de tels partenariats, car comme le rappelait encore un grand Africain, Cheikh Anta DIOP, *« La main qui donne surplombe toujours celle qui reçoit »*.
Enfin, du communautaire au continental, il apparaît nécessaire de rendre ici un hommage mérité à toutes les autorités congolaises qui ont permis l'organisation de cette belle rencontre qui met à l'honneur des problématiques maritimes africaines. Qu'il nous soit notamment permis de nous associer volontiers aux propos du Ministre des Transports de l'Aviation civile et de la Marine marchande,

Son excellence Gilbert MOKOKI, qui avec grande justesse a interpellé la CEMAC à réfléchir sur les apports de la Charte de Lomé de 2016, et surtout sur *« les axes d'un véritable arrimage à la Stratégie Africaine Intégrée pour les mers et les océans (dite Stratégie AIM 2050) »*. En réalité, cet appel doit absolument retentir bien au-delà de la CEMAC.

Avec la mise en application attendue des Règles de Rotterdam désormais intégrées dans le Code de 2012, il s'agira sans doute là de deux questions majeures qui mériteront de figurer en première ligne d'une prochaine rencontre dédiée à un nouveau bilan du Code CEMAC. Ce sera, à n'en pas douter, un rendez-vous particulièrement riche de promesses …

Par
Martin NDENDE
Professeur à la Faculté de Droit de l'Université de Nantes
Avocat-conseil et Expert international
Conseiller Juridique hors-classe aux Nations-Unies, CEA

ALLOCUTION DE CIRCONSTANCE
DU PRÉSIDENT
DE L'ASSOCIATION CONGOLAISE
DU DROIT MARITIME
(ACODM)

Colonel Eric DIBAS-FRANCK

A l'occasion de la tenue du colloque international sur le thème : « cinq ans d'existence et d'application du code communautaire (CEMAC) de la marine marchande 2012 »

Date : 20 juillet 2017 lieu : Chambre de commerce de Pointe-Noire

- Monsieur le Ministre des Transports, de l'Aviation Civile et de la Marine Marchande ;

- Monsieur le Ministre des Affaires Foncières et du Domaine Public, Président d'honneur de l'ACODM ;

- Monsieur le Conseiller du Président de la République, Chef de Département de la Fonction Publique ;

- Monsieur le Conseiller du Président de la République, Chef de Département des Transports, de l'Aviation Civile et de la Marine Marchande ;

- Monsieur le Préfet du Département de Pointe-Noire ;

- Monsieur le Président du Conseil Municipal, Député Maire de la ville de Pointe-Noire ;

- Monsieur le Président de la Commission Economique de l'Assemblée Nationale ;

- Monsieur le Consul Général de France ;

- Mon Général, Commandant de la Zone Militaire de Défense n°1 ;

- Le Directeur du Centre Régional de la Sécurité Maritime en Afrique Centrale (CRESMAC) ;

- L'Agent Administratif intérimaire du Cameroun ;

- Monsieur le Président de la Chambre Consulaire de Pointe-Noire ;

- Monsieur le Premier Président de la Cour d'Appel de Pointe-Noire ;

- Monsieur le Procureur de la République ;

- Madame le Bâtonnier du Barreau de Pointe-Noire ;

- Monsieur le Représentant du Secrétaire Général de l'Union des Conseils des Chargeurs africains ;

- Monsieur le Président de l'Association Camerounaise du Droit Maritime ;

- Madame la Représentante du Président de l'Association Française du Droit Maritime ;

- Madame et Messieurs les Directeurs généraux des structures sous-tutelle du Ministère des Transports, de l'Aviation Civile et de la Marine Marchande ;

- Mesdames et Messieurs les membres de la Communauté Portuaire ;

- Mesdemoiselles et Messieurs les étudiants de l'Ecole Supérieure de Technologie du Littoral ;

- Distingués invités en vos rangs, grades et qualités ;

Il y a de cela un peu plus de deux (2) ans, le 23 mai 2015, que sortait du fond de l'océan pour naître en cette terre des hommes, l'Association Congolaise du Droit Maritime (ACODM).

Dans deux jours et précisément le 22 juillet 2017, le Code Communautaire de la Marine Marchande révisé en zone CEMAC aura cinq (5) ans et trois jours plus tard sera célébrée le 25 juillet 2017 comme chaque année par l'Union Africaine : La journée africaine des mers et des océans. Et dans quelques mois ont lieu la célébration du trente-cinquième anniversaire de la convention des Nations Unies sur le droit de la mer dite Convention de **Montego Bay**, la journée mondiale de la mer, de l'organisation maritime internationale, édition 2017 sur le thème « connecter navires, ports et personnes » .

A cet effet, permettez-nous Monsieur le Ministre de nous réjouir de votre présence en ce lieu mythique de la Chambre Consulaire de Pointe-Noire, carrefour de grandes rencontres économiques. Ceci témoigne s'il en était encore besoin, de votre inébranlable et affichée détermination de concrétiser les actions qui vont conduire vers un développement maritime renouvelé.

Permettez-nous aussi, Monsieur le Ministre, de saluer chaleureusement les membres de l'Association Camerounaise du Droit Maritime et ceux de l'Association Française du Droit Maritime présents parmi nous. Leurs présences respectives ne découlent pas d'un hasard, elles se situent dans le droit fil des statuts de notre Association et préfigurent, osons-nous espérer, de la concrétisation de nos ambitions respectives.

Ceci étant, permettez-nous enfin de rappeler que c'est à Brazzaville notre belle capitale qu'a été conçu, quatre ans durant soit de 2008 à 2012, notre instrument communautaire révisé.

Quoi de plus normal que ce soit encore au Congo et à juste titre dans la ville océane de Pointe-Noire, que la maternité de cet outil soit aujourd'hui célébrée.

En notre double qualité d'ancien Président des experts du Congo pour la révision dudit code et de Président de l'Association Congolaise du Droit Maritime ACODM, il nous échoit de dire que nous sommes comme cet enfant qui sort de chez le dentiste soulagé de la douleur grâce aux soins reçus mais gardant dans sa bouche un petit goût amer dans la mesure où notre instrument communautaire n'a toujours pas été publié, ce qui nous laisse un sentiment de malaise.

L'Association Congolaise du Droit Maritime (ACODM) qui a pour objectifs fondamentaux de :

- Asseoir l'autorité de l'ACODM dans le domaine du droit maritime au Congo, dans la zone CEMAC et sur le plan International ;

- Suivre les grandes évolutions législatives en vue du nouvel ordre maritime ;

- Mobiliser toutes les énergies et compétences ;

- Renforcer les solidarités avec les autres associations maritimes en vue de favoriser les partenariats ;

- Donner une plus grande visibilité aux actions de l'ACODM

Est heureuse d'organiser en collaboration avec l'Association Camerounaise du Droit Maritime du 20 au 21 juillet 2017 le colloque international sur le thème : « cinq (5) ans d'existence et d'application du Code Communautaire (CEMAC) de la Marine Marchande de 2012 ».

Ce colloque n'a pas pour but de ressasser un quelconque passé, ni de nous retourner en arrière pour réveiller avec nostalgie nos idéaux d'il y a cinq ans.

Il nous faut, au contraire, célébrer un instrument au service de la communauté maritime et portuaire afin d'imaginer l'économie bleue de demain et d'éclairer avec un regard lucide les enjeux actuels et fixer le cas échéant de nouvelles perspectives ; en témoigne le nombre exponentiel de dix-sept (17) exposants ; preuve irréfutable de l'intérêt majeur d'une telle rencontre.
Nous pouvons nous permettre dès à présent d'annoncer, à l'attention des participants, que les actes dudit colloque donneront lieu à la publication d'un ouvrage dans le souci

constant de la construction d'une doctrine maritime valable dans notre sous-région.

Un autre évènement de grande importance retiendra notre attention ce jour. Il s'agit de la signature sous votre parrainage, Excellence Monsieur le Ministre, d'un partenariat entre la Chambre Consulaire de Pointe-Noire et notre association l'ACODM.

S'interrogeant en son temps et à haute voix sur la raison d'une implication de la Chambre Consulaire de Pointe-Noire, son Président **Sylvestre Didier MAVOUENZELA** disait, avec la trahison de la mémoire et l'usure du temps, ce qui suit : « un pays pour évoluer doit prendre le temps de se poser les questions, de réfléchir aux actions à mener et de créer des cadres de réflexion sur tous les domaines de la vie publique ».

C'est dans cette optique, que se justifie la signature d'un partenariat gagnant-gagnant qui sera un cadre approprié pour réfléchir sur le droit maritime. Pour cela, la Chambre de Commerce de Pointe-Noire qui a pour, entre autres vocations, la promotion des activités économiques ne pouvait que faire équipage commun.

S'ensuivra dans cette même lancée de la marche vers le développement maritime, la tenue de l'Assemblée générale ordinaire de notre association qui aura à cœur de se donner un second souffle et faire un bilan à mi – parcours des actions et initiatives entreprises.

C'est l'occasion pour inviter les associations maritimes ici présentes de prendre toutes les dispositions nécessaires pour être présentes du 07 au 08 septembre 2017 à Gènes en Italie en vue de la participation à l'Assemblée générale du comité maritime International.

Nous devons d'ores et déjà réfléchir sur la qualité de nos contributions respectives et voir dans quelles mesures il nous faudra créer si nécessaire un comité maritime de l'Afrique centrale.

Monsieur le Ministre, Mesdames, Messieurs,

Le devoir de reconnaissance dû aux aînés nous oblige en cette même circonstance, à l'image de l'Association Française du Droit Maritime qui célèbre la journée Ripert, d'institutionnaliser tous les ans à l'occasion de notre assemblée générale la journée **Louis-Marie NOMBO MAVOUNGOU,** en mémoire de tous les combats menés par ce dernier pour la maritimisation de notre économie.

Comme vous le savez, **Louis-Marie NOMBO MAVOUNGOU**, ancien Directeur Général de la Marine Marchande, ancien Ministre de l'Economie Maritime et de la Marine Marchande avait créé avec nous et d'autres érudits du secteur maritime en 2004, la première Revue Congolaise des Transports et de la Marine Marchande, aujourd'hui Revue Africaine des Affaires maritimes et des Transports.

La République reconnaissante lui a rendu un dernier hommage national sous votre autorité, le 11 janvier 2017.

Enfin pour conclure notre propos, communions avec les mots évocateurs du poète, grand esprit de la mer, nous avons cité **Jean-Baptiste TATI LOUTARD** :

« Dans l’eau bleue que le vent remue ;
Le ciel rince les étoiles ;
Pour éclairer les temps nouveaux ».

Nous vous remercions

ALLOCUTION PRONONCEE
par Gaston NGAMKAN

Président de l'Association Camerounaise Droit Maritime (ACDM)
Avocat au Barreau du Cameroun
Ancien Avocat à la Cour d'appel d'Aix-en-Provence
Docteur en Droit (Université d'Aix-Marseille)
Consultant en législation des transports à la CEMAC

Excellence, Monsieur le Ministre des Transports, de l'Aviation civile et de la Marine marchande du Congo,

Excellence, Monsieur le Ministre des Affaires foncières et du Domaine public du Congo,

Président d'honneur de l'Association Congolaise de Droit Maritime (ACODM),

Monsieur le Représentant de Monsieur le Président de la Commission de la CEMAC,

Monsieur le Président de l'Association Congolaise de Droit Maritime (ACODM),

Madame le Représentant de Monsieur le Président de l'Association Française du Droit Maritime (AFDM),

Monsieur le Président de l'Association Sénégalaise du Droit Maritime (ASDM),

Monsieur le Président de l'Association Ivoirienne du Droit des Transports (AIDT),

Distingués membres et sympathisants des associations nationales du droit maritime ici présents,

Mesdames et Messieurs,

En ma qualité de Président de l'Association Camerounaise du Droit Maritime (ACDM), c'est empli d'humilité et de bonheur que je prends la parole dans cette majestueuse assemblée, à la suite de mon frère et homologue congolais, pour vous souhaiter à mon tour la bienvenue, en même temps que je vous remercie cordialement de votre participation à cette deuxième session de l'Assemblée générale ordinaire de l'Association Congolaise du Droit Maritime (ACODM), couplée avec une conférence thématique d'une portée significative qui marque le cinquième anniversaire du Code communautaire de la marine marchande présentement en vigueur dans la sphère géographique de la CEMAC.

A titre de rappel, c'est en effet le 22 juillet 2012 à Brazzaville, capitale politique du Congo, que le Conseil des Ministres de l'UEAC (Union Economique de l'Afrique Centrale), organe législatif de la CEMAC, donne formellement son onction au Règlement n° 08/12-UEAC-088-CM-23 portant adoption du Code communautaire de la marine marchande, lequel est entré aussitôt en application, abrogeant dans la foulée le Code de 2001, qui a cessé d'avoir voix au chapitre, conformément à l'article 2 de ce Règlement.

Notre Code aura donc officiellement cinq ans dans deux jours. Un événement de cette nature et de cet acabit ne peut passer sous silence ; ça se fête !

Aussi bien, est-ce la raison pour laquelle, à l'occasion de la deuxième session de l'Assemblée générale ordinaire de l'Association Camerounaise du Droit Maritime tenue le 18 avril 2017 à Douala, mon alter ego du Congo et moi avions envisagé d'organiser cette grand-messe du droit maritime, sous la bannière de la Commission de la CEMAC, maître d'ouvrage du Code qui a accepté de bonne grâce de s'associer à cette heureuse initiative, pour célébrer solennellement cet événement majeur pour le droit maritime en Afrique Centrale.

Au surplus, l'organisation de ce colloque épouse sans pli l'une des missions essentielles que s'assignent les deux associations sœurs, à savoir la diffusion et la promotion du droit maritime et des activités connexes par tous moyens appropriés, notamment par la diffusion des publications scientifiques, l'organisation et la participation à des conférences, concours, stages, séminaires, tables rondes, cours, ateliers de formation, etc.

L'importance quantitative et qualitative des sous-thèmes qui seront abordés par les différents orateurs porte assurément témoignage de la portée didactique de cette rencontre pour les Etats membres de la CEMAC et même pour certains Etats tiers ayant un grand courant de trafic avec l'Afrique centrale, à l'instar de la France ici représentée. C'est, en effet, un truisme, une litote que d'affirmer que notre Code connaît aujourd'hui une envergure et un rayonnement qui vont au-delà de l'espace économique sous sa juridiction.

De fait, elles ne sont plus rares les décisions de justice rendues dans l'Hexagone au visa des prévisions de ce Code, notamment en raison d'une règle de conflit de lois qui figurait à l'article 57 de la loi du 18 juin 1966 sur les entreprises de manutention et qui posait le postulat selon lequel, en matière internationale, les opérations de manutention et d'acconage sont soumises à la loi du port où elles sont effectuées. En vertu de ce principe, toutes les entreprises de manutention de l'Afrique centrale étaient indéniablement justiciables de notre Code communautaire de la marine marchande, notamment lorsqu'elles étaient recherchées devant les juridictions françaises. Certes, les ordonnances de 2010 et 2011 portant codification du droit maritime en France ont abrogé les articles 50 à 60 – et dont l'article 57 – de ladite loi pour laisser place au Règlement Rome I. Il reste cependant que, ce règlement désignant la loi du pays avec lequel le contrat a les liens les plus étroits, voire celui où la prestation caractéristique est accomplie, la disparition de l'article 57 de la loi de 1966 ne devrait normalement pas entraîner un bouleversement au regard des solutions prétoriennes antérieures ; ce qui signifie, en toute rigueur de termes, que notre Code communautaire de la marine marchande n'est pas dénué de tout avenir devant les juridictions françaises.

Partant, l'objectif du colloque est d'assurer la promotion, la vulgarisation et la mise en musique de notre jeune instrument communautaire portant droit uniforme en Afrique centrale, afin d'en faciliter l'intelligibilité, l'appropriation et l'application tant par les professionnels du domaine maritime et portuaire (transporteurs, entrepreneurs de manutention, entrepreneurs de transport multimodal, transitaires…) que par les acteurs du giron judiciaire (avocats, magistrats, huissiers de justice…), sans oublier le monde universitaire (enseignants et étudiants). En effet – et ce

n'est guère qu'un secret de polichinelle, depuis l'adoption et l'entrée en vigueur du nouveau Code, aucun séminaire sous-régional ou international n'a été dédié à ce Code qui constitue pourtant, en raison de son importance cardinale pour notre économie bleue, la charte du droit maritime en Afrique centrale. Récépissé
C'est dire si ce colloque était attendu !

Qui pis est, alors qu'il est en application depuis le 22 juillet 2012 ainsi qu'il a été signalé ci-devant, jusqu'à l'orée de l'année courante, ce code n'avait pas été édité et ne pouvait être consulté ni sur support papier, ni sur support électronique. Cette situation inédite avait pour regrettable corollaire la contrefaçon outrageuse du document polycopié qui tenait alors lieu de Code, lequel était impunément vendu à l'entrée de certains prétoires. Même les magistrats sensés réprimé le délit de contrefaçon étaient eux-mêmes contraints, devant l'apathie de la Commission de la CEMAC, de commettre ledit délit pour dire le droit, notamment en se servant du document polycopié contrefait, et comportant les paraphes et signature de Monsieur le Président de la Commission de la CEMAC. Soutenu dans ma démarche par son Excellence Martin Parfait Aimé COUSSOUD-MAVOUNGOU, alors Ministre délégué en charge de la marine marchande du Congo et coordonnateur du projet de réforme ayant induit à l'adoption du Code en vigueur, j'ai dû adresser des piqûres de rappel à la Présidence de la Commission de la CEMAC.

Fort heureusement, nos diligences conjointes viennent d'aboutir, puisque j'ai appris depuis moins d'une semaine, de la voix la plus autorisée du Cabinet de Monsieur le Président de la Commission, que le Code a été édité en plusieurs exemplaires et même publié sur le site internet de la CEMAC pour en faciliter la consultation en ligne.

Il s'agit, à coup sûr, d'une excellente nouvelle qui mérite d'être saluée et diffusée afin que nul n'en ignore.

Par ailleurs, comme il a été relevé ci-devant, à Douala courant avril dernier, avait émergé l'idée de la célébration, à travers une conférence thématique, du cinquième anniversaire du Code actuel. Ici à Pointe-Noire, j'émets le vœu qu'une réflexion soit menée profondément sur la création des "Journées Africaines de Droit des Activités Maritimes (JADAM) – très chères à notre ami et frère Aboubacar FALL, Avocat au Barreau du Sénégal et Président honoraire de l'Association Sénégalaise du Droit Maritime (ASDM), journées qui seraient organisées sur une base rotative entre les différentes capitales côtières des pays concernés. Aussi bien, Maître FALL a-t-il exprimé formellement, à cet égard, sa disponibilité pour préparer une note conceptuelle qui mettrait en lumière les principaux axes et les lignes directrices d'un tel projet. Ces journées devraient être un prélude à la parturition d'un Comité Maritime Africain (CMA), lequel serait un réceptacle, une sorte de creuset des associations africaines du droit maritime. En effet, s'il est de fait qu'il existe un Comité Maritime International (CMI), dont la mission est de fédérer les associations nationales de droit maritime dans le monde, en revanche, il est quelque peu douteux que des comités maritimes régionaux ou continentaux aient été mis sur pied.

Du reste, à l'occasion de la 43ème conférence du CMI tenue à New York du 3 au 6 mai 2016, l'idée d'un rapprochement entre les différentes associations de droit maritime africaines avait été évoquée lors du petit déjeuner offert par le professeur sud-africain John HARE, Secrétaire général dudit Comité.

Je me félicite déjà du fait que trois associations africaines (celles du Cameroun, du Congo et du Sénégal) soient déjà présentes à cette cérémonie qui constitue, à n'en pas douter, une plateforme idéale d'échange verbal et direct sur des questions d'intérêt commun.
Je ne saurais clore mes propos sans rendre un hommage méritoire à la République du Congo et notamment à son Président, son Excellence Denis SASSOU N'GUESSO, pour le rôle décisif joué dans l'adoption du Code à l'honneur ce jour, par la médiation de Monsieur Martin Parfait Aimé COUSSOUD-MAVOUNGOU, alors Ministre délégué en charge de la marine marchande, et pour la généreuse hospitalité qu'il a toujours su accorder aux experts de la sous-région ayant apporté leurs pierres à l'ouvrage. L'on s'en souvient en effet, c'est sous la mandature de son Excellence Denis SASSOU N'GUESSO, alors qu'il assurait la présidence de la CEMAC, que le Code a été adopté à Brazzaville, sans oublier que toutes les réunions des experts en charge de valider le projet de Code se tenaient dans cette belle cité à la verdure luxuriante qui fait naturellement son charme.

Et que dire alors du dévouement et de la détermination du Ministre COUSSOUD dans son rôle de coordinateur des travaux du projet de réforme ayant présidé à l'adoption du Code actuel ?

Monsieur le Ministre et très honoré grand-frère, votre modestie coutumière dût-elle quelque peu être malmenée, vous méritez une salve d'ovations, un vibrant satisfecit à l'avenant de votre glorieuse abnégation, une mention spéciale pour faire bref. Car, à tout seigneur, tout honneur !

Pour terminer, je souhaite vivement plein succès aux travaux de ce colloque, mais aussi et surtout un heureux anniversaire à notre Code, un retentissant "Happy Birthday" !

MOT D'OUVERTURE DE SON EXCELLENCE MONSIEUR LE MINISTRE DES TRANSPORTS, DE L'AVIATION CIVILE ET DE LA MARINE MARCHANDE

- Monsieur le Ministre des Affaires Foncières et du Domaine Public, Président d'honneur de l'ACODM ;

- Monsieur le Conseiller du Président de la République, Chef de Département des Transports, de l'Aviation Civile et de Marine Marchande ;

- Monsieur le Préfet du Département de Pointe-Noire ;

- Monsieur le Président du Conseil Municipal, Député Maire de la ville de Pointe-Noire ;

- Monsieur le Consul Général de France ;

- Monsieur le Général, Commandant de la Zone Militaire de Défense n°1 ;

- Monsieur le Président de l'Association Camerounaise du Droit Maritime ;

- Distingués invités en vos rangs, grades et qualités ;

- Mesdames, Messieurs,

Je voudrais, au nom du Gouvernement congolais et au mien propre, souhaiter la cordiale bienvenue à tous les participants à ce Colloque international et particulièrement aux délégués venus des pays amis, notamment : le Cameroun, le Gabon, la Centrafrique et la France.

Mesdames et Messieurs,

Il vous souviendra que la République du Congo, fidèle à sa politique de modernisation de sa législation maritime et à son implication à l'activité des Organisations internationales, a adhéré aux instruments majeurs du droit maritime international, notamment sur la sécurité de la navigation, le travail, le transport et la sûreté maritime.

Depuis cinq (5) ans, avec les mutations institutionnelles, structurelles et technologiques intervenues dans l'industrie maritime, ce nouveau cadre normatif est devenu un instrument essentiel dans l'intégration et le développement de l'économie maritime dans la zone CEMAC.

Toutefois, je me dois objectivement de relever que tous les Etats-membres ayant adopté ce code ne l'ont pas suffisamment vulgarisé et mieux, n'ont pas légiféré sur les textes d'application, avec des conséquences sur le plan pratique.

Mesdames et Messieurs,

Ce Colloque organisé à l'initiative de l'Association Congolaise du Droit Maritime (ACODM) sous le thème « Cinq (5) ans d'existence et de vulgarisation du Code communautaire (CEMAC) de la Marine Marchande », est le début d'un vrai processus de renforcement des capacités de la communauté maritime dans toutes ses composantes. Un exercice intellectuel et scientifique qui a le mérite d'être salué.

Durant deux (2) jours, avec des conférenciers émérites, vous aurez à échanger sur des questions pratiques du droit maritime à travers des échanges. L'objectif recherché est de faire la promotion des dispositions de ce code, de trouver des points de convergence avec les Conventions maritimes internationales et d'enrichir vos expériences respectives. Ce faisant, vos réflexions et échanges conduiront, je le souhaite, à définir les axes d'un véritable arrimage à la Stratégie Africaine Intégrée pour les mers et les océans (dite AIM 2050), initiative chère à son Excellence Monsieur le Président de la République Denis SASSOU N'GUESSO.

Point n'est besoin de rappeler que la Charte de Lomé 2016, adoptée au sommet extraordinaire des Chefs d'Etat et de gouvernement de l'Union Africaine sur la sécurité, la sûreté maritime et le développement en Afrique mérite qu'une attention particulière lui soit accordée.

C'est pourquoi, pour la primauté du droit, je vous exhorte de mener des débats constructifs et fructueux et vous promets d'être attentif aux conclusions et recommandations de vos travaux.

Mesdames et Messieurs,

Avant de terminer mon propos, le Gouvernement de la République, par ma voix, tient à remercier vivement l'Association Congolaise du Droit Maritime (ACODM), organisation non gouvernementale, pour cette initiative et pour les efforts déployés en vue de valoriser la politique maritime nationale, sous-régionale et régionale.
Aussi, je loue le partenariat qui va se nouer ce jour, sous mon parrainage, entre la Chambre consulaire de Pointe-Noire et l'ACODM. L'intérêt de ce partenariat est dans le

droit fil de l'information et la formation maritime qui demeurent des défis à relever pour le secteur maritime.

C'est sur ces mots emprunts d'espoir et d'optimisme que je déclare ouverts les travaux du Colloque international sur le Code communautaire (CEMAC) de 2012.

Je vous remercie.

QUELQUES REMARQUES SUR LE CODE DE LA MARINE MARCHANDE DE LA CEMAC[1] DE 2012

par Eric DIBAS-FRANCK
Docteur en Droit
Chargé de cours de Droit maritime
à la Faculté de Droit
de l'Université Marien NGOUABI de Brazzaville
Arbitre OHADA
Président
de l'Association Congolaise du Droit Maritime

INTRODUCTION

Il ne se passe pas un jour sans que l'on entende dire tant au niveau national, qu'au niveau sous-régional et même international que le Code de la marine marchande de la CEMAC de 2012 s'apparente à un véritable serpent de mer. Une telle affirmation se comprend aisément dès lors qu'on observe que la commission de la CEMAC n'a pas cru urgent de publier au journal officiel de la Communauté ledit Code[2], encore moins de l'éditer. C'est donc à un fantôme que nous nous attaquons. Avec ce Code révisé, le

[1]La CEMAC est la Communauté Economique et Monétaire de l'Afrique Centrale. Elle comprend six Etats membres à savoir le Congo, le Cameroun, le Gabon, la Centrafrique, le Tchad et la Guinée Equatoriale.
[2]Voir l'article 718 alinéa 3 du Code CEMAC.

nouvel ordre maritime au sein de la zone CEMAC était né[3] et devait perdurer, conforté par la volonté politique de chaque Etat membre.

Pourtant, ce Code révisé suscite la critique : « cette situation explique à suffisance la clandestinité décriée de cette révision et donc l'absence d'unanimité des acteurs de la sous-région à son sujet, ou tout au moins, le rôle joué par les lobbys internationaux, en vue de cette révision, dans l'objectif de stimuler et faciliter l'entrée en vigueur prochaine de son inspiration… Ce texte ne constitue pas une avancée dans l'uniformatisation de la jurisprudence maritime de la sous-région » conclut Monsieur André TCHIMMOGNE[4].

Le droit maritime communautaire alimente la réflexion fondamentale sur ses sources, en raison de la place particulière que tiennent depuis longtemps, les conventions internationales, auxquelles certains Etats sont parties tandis que d'autres ne les ont pas ratifiées. L'existence de ces traités internationaux, qui peuvent créer certaines difficultés supplémentaires, ne doivent pas avoir tendance à occulter, pour l'essentiel leur apport incontestable dans la modernité de cet instrument communautaire.

C'est pourquoi nous verrons que le Code communautaire de la marine marchande de 2012 constitue un triomphe de la modernité (I) et que ce Code a un domaine d'application très large avec des définitions nouvelles (II).

---

[3]Voir Eric DIBAS-FRANCK, le nouvel ordre maritime au sein de la CEMAC, Géopolitique Afrique, premier trimestre 2013, n°46, p.157 et s.

[4] Voir André TCHIMMOGNE, la révision du Code communautaire de la marine marchande de la CEMAC : réflexions sur une avancée législative hâtive, article à paraître dans RAMATRANS, n° 7.

I- LE CODE RÉVISÉ DE 2012 : UN TRIOMPHE DE LA MODERNITÉ

Le 22 décembre 1994 a été adopté et est entré en vigueur le Code de la marine marchande de l'UDEAC[5]. La maternité de cet instrument communautaire était une réponse positive aux exigences des principaux bailleurs de fonds des Etats de l'Afrique centrale. Elle répondait à la nécessité de doter la sous-région d'outils juridiques adaptés, ambitieux et sécurisants. Cet instrument devrait être « incitatif et propice aux investissements étrangers et au commerce maritime»[6].

Cette codification pourtant souhaitée semble ne pas avoir été accueillie favorablement à cause, non seulement des carences qui ont été vite décelées, mais aussi parce que sa « meilleure source d'inspiration et modèle de référence intellectuelle » n'était que des textes français[7]. Ce qui explique qu'en 2001, une première révision du Code a été opérée. A cause de son ampleur très limitée, cette révision a été qualifiée de réformette[8].

Le nouvel ordre maritime dans l'espace CEMAC s'est imposé pour faire efficacement face aux nouveaux enjeux apparus dans le monde en général, et dans le monde maritime en particulier.

D'abord, l'attentat du 11 septembre 2001 aux Etats-Unis contre les tours jumelles du World Trade Center comman-

---

[5] L'UDEAC signifie Union Douanière et Economique de l'Afrique centrale

[6]Voir Gaston NGAMKAN, étude comparée entre le droit maritime français et le droit maritime communautaire de l'Afrique centrale (CEMAC), DMF juillet-août 2012, p.648, n°3.

[7]Voir Gaston NGAMKAN, op. cit. p. 648, n° 3.

[8]Voir Gaston NGAMKAN, op. cit. p.772, n°63.

dait une réponse appropriée contre le terrorisme. Aussi, à l'initiative des Etats-Unis, l'organisation maritime internationale (OMI) a adopté le Code international pour la sûreté des navires et des installations portuaires (Code ISPS), entré en vigueur à la fin de l'année 2002.
A la vérité, il s'agit de mesures et procédures visant à prévenir les actes de terrorisme qui compromettent la sûreté des passagers, des équipages et la sécurité des navires. L'enjeu est d'établir un cadre international dans lequel les gouvernements contractants, les organismes, les administrations locales et les secteurs maritime et portuaire puissent coopérer pour détecter et évaluer les menaces et, prendre des mesures de sauvegarde contre des incidents de sûreté touchant des navires ou des installations portuaires participant au commerce international. Or, il est apparu dans le Golfe de Guinée des situations nouvelles, au nombre desquelles on peut citer la piraterie. D'où la nécessité d'intégrer les dispositions pertinentes du code ISPS dans le Code communautaire de la marine marchande.

Ensuite, les Etats africains ont, pour garantir les investissements, créé l'organisation pour l'harmonisation en Afrique du droit des affaires (OHADA). Mais il est à craindre que certaines dispositions des actes uniformes de cette institution soient en contradiction avec celles du code CEMAC. Là aussi, la mise en harmonie entre les deux instruments s'imposait.

Après, on a observé ces dernières années à travers le monde des pollutions marines. Même si les pays de la CEMAC n'ont pas été touchés, il n'est pas à exclure qu'ils soient un jour des victimes. Producteurs de pétrole pour certains, ils doivent s'approprier la maxime « mieux vaut prévenir que guérir » et programmer non seulement des mécanismes de prévention mais aussi d'indemnisation des dommages dus à la pollution par les hydrocarbures (nouveaux protocoles CLG et FIPOL).

Enfin, la prévention des catastrophes maritimes demeure une question de grande importance et de constante actualité. Elle soulève des interrogations majeures. Comment faire pour les prévenir ? Quelles ont été les causes des accidents maritimes ? Peut-on dissocier la sécurité et la sûreté des navires des conditions de travail du personnel ?

Le marin quelle que soit la place qu'il occupe dans le navire, est un personnel clé de la navigation maritime. Par conséquent, il doit être qualifié. L'environnement dans lequel il évolue est si particulier que l'organisation internationale du travail (OIT) a adopté, le 23 février 2006, une convention internationale sur le travail maritime. Au regard de sa pertinence, le jurislateur communautaire a cru bon de l'intégrer dans son Code maritime.

Il est incontestable que, de tout temps, les intérêts entre les transporteurs et les chargeurs n'ont jamais été convergents. Le déséquilibre qui caractérise leurs relations contractuelles a souvent été décrié. Les conventions maritimes internationales n'ont jamais résolu le fossé observé. D'où l'impérieuse nécessité de pouvoir les harmoniser dans l'espace CEMAC.
Le 23 septembre 2009, a été adoptée, à Rotterdam (Pays-Bas), la convention des Nations Unies sur le contrat de transport international de marchandises effectué entièrement ou particulièrement par mer, autrement appelée « Règles de Rotterdam ». Cette convention est née de la volonté des maritimistes de mettre un terme définitif à la diversité des conventions maritimes internationales qui régissent le transport maritime international, mieux d'une volonté renouvelée de réduire la fracture entre les char-

geurs et les transporteurs. En effet, à l'initiative de la Commission des Nations Unies pour le droit commercial international (CNUDCI), plusieurs conférences internationales ont eu lieu, à Vienne et à New York, pendant près d'une décennie pour tenter d'amorcer les contours d'une nouvelle convention maritime internationale. S'il est vrai qu'à l'entame de cette initiative, les pays de la CEMAC, tout comme ceux de l'Afrique en général, ont brillé par leur absence, il n'en demeure pas moins qu'ayant pris conscience des enjeux d'une telle initiative, ils ont participé à l'élaboration de la nouvelle convention.

Il est, à ce titre, intéressant de relever qu'en 1924, à Bruxelles, une convention internationale relative aux contrats de transport de marchandises était élaborée et entrée en vigueur à une époque où seuls les pays développés exploitaient des flottes marchandes. Cette convention ignorait les préoccupations propres aux pays chargeurs, c'est pourquoi ces derniers la contestent : elle ne compte pas moins de dix-sept causes d'exonération du transporteur maritime. L'adoption de la convention de Genève du 31 mars 1978 sur le transport international de marchandises par mer, dite « Règles de Hambourg » donna aux pays chargeurs l'espoir d'un renouveau dans la concurrence maritime. Elle atténue entre autres, les causes d'exonération du transporteur maritime. Contrairement à sa devancière qui n'avait pas été ratifiée par les pays chargeurs, encore moins par ceux de la CEMAC, les « Règles de Hambourg » ont été intégrées dans le Code CEMAC à l'occasion de sa première révision en 2001.

Face à deux conventions maritimes internationales régissant le transport maritime, on arrivait rapidement à un clash entre les chargeurs et les transporteurs s'agissant de la convention à appliquer. D'où le besoin urgent de trouver, non pas une troisième voie, mais une uniformisation.

Le nouveau Code a gardé la structure générale de son antécédent. Il est néanmoins révisé par l'introduction d'un livre neuf (9) consacré aux juridictions maritimes et à l'arbitrage. Dans l'ensemble, il a connu un véritable carénage. Des chapitres ont connu des modifications substantielles. S'il est vrai que le Code du 03 août 2001 comportait 610 articles, désormais 800 articles composent, dans l'ordre suivant, le nouveau code.

Livre I : Dispositions Générales (art. 1 à 20)
Livre II : Le navire (art. 21 à 174)
Livre III : Navigation maritime (art.175 à 315)
Livre IV : Pollution maritime (art.316 à 371)
Livre V : Gens de mer (art.372 à 459)
Livre VI : Transports maritimes et professions auxiliaires (art.460 à 735)
Livre VII : Régimes disciplinaire et pénal de la marine marchande (art.736 à 757)
Livre VIII : Contentieux en matière d'infractions maritimes (art.758 à 795)
Livre IX : Juridictions maritimes et arbitrage (art.796 à 797)
Livre X : Dispositions finales (art.798 à 800).
Qu'en est-il du domaine d'application et des définitions du Code révisé ?

II- LE DOMAINE D'APPLICATION ET LES DÉFINITIONS DU CODE RÉVISÉ

Le Code a un domaine d'application très large[9]. De nouvelles définitions ont été introduites, qui pour certaines

---

[9]Voir Victor- Emmanuel BOKALLI, le champ d'application du Code de la marine marchande de la communauté économique et monétaire de l'Afrique centrale, communication présentée le 19 avril 2017 à Douala au Cameroun à l'occasion du colloque organisé par

sèment le trouble. D'autres restent imprécises. Ses règles sont applicables, conformément aux dispositions de son article 1er à tous les navires étrangers se trouvant dans les eaux sous juridiction d'un Etat membre, lorsque cela est prévu par les accords de réciprocité passés entre un Etat membre et un Etat tiers ou en application des conventions internationales en vigueur ; aux plates-formes se trouvant dans les eaux sous juridiction nationale d'un Etat membre. Sur le domaine personnel, les règles du Code s'appliquent aux équipages et passagers qui y sont embarqués, ainsi qu'à toutes les personnes, quelle que soit leur nationalité, qui, bien que non présentes à bord, auraient commis une infraction aux dispositions du Code ou de ses textes d'applications ; aux équipages et aux passagers de ces navires étrangers ; aux gens de mer de la nationalité d'un Etat membre ou résidant dans un Etat membre, sans considération du lieu d'immatriculation ou d'affrètement du navire à bord duquel ils sont employés.

On remarque que le Code a été enrichi par des définitions nouvelles au nombre desquelles on peut citer - sans que la liste soit exhaustive - le chargeur documentaire, le droit de contrôle, la partie contrôleuse, la partie exécutante, la partie exécutante maritime, le transport de ligne régulière, le document électronique de transport, les données du contrat, le contrat de volume.
Comme une « révolution annoncée », la notion de connaissement ne figure pas dans ce Code. Ceci semble être justifié par trois facteurs qui se conjuguent pour expliquer que la marchandise arrive à destination plus tôt que le connaissement.

---

l'association camerounaise du droit maritime sur le code révisé de la CEMAC.

Comme l'écrit le professeur Philippe DELEBECQUE[10] « beaucoup de marchandises transportées par mer ne font plus à l'heure actuelle, l'objet d'un contrat de vente, le chargeur, une multinationale par exemple, se les expédiant à lui-même ; le connaissement, sur lequel se fonde le mécanisme traditionnel du crédit documentaire maritime, perd donc son utilité. L'accroissement relatif de la vitesse des navires ou plus exactement le fait qu'ils passent moins de temps dans les ports que naguère, de sorte que la rotation est accélérée, comme la lourdeur des circuits bancaires, la diminution des horaires de travail du personnel sédentaire des compagnies de transports maritimes ». Ce constat qui sonne comme une lapalissade ne doit pas escamoter le fait que dans la zone CEMAC, le « requiem » du connaissement n'est pas imminent.
On se demande tout de même s'il serait possible de trouver l'équivalent du connaissement dans un procédé informatisé dont la fiabilité serait identique à celle du connaissement ? La réponse ne fait l'ombre d'aucun doute. Pour les sceptiques, disons que les règles de Rotterdam reconnaissent le connaissement électronique ou virtuel.
Le navire, lui aussi, est défini de façon chaotique. Il est tout bâtiment utilisé pour transporter des marchandises en mer[11].

Cette définition restrictive est en retrait par rapport à la définition donnée par l'article 2 paragraphe 37 du Code de la marine marchande de la CEMAC de 2001 qui dispose que le navire est « tout bâtiment ou engin flottant de nature mobilière quel que soit son tonnage ou sa forme, avec ou sans propulsion mécanique, et qui effectue à titre principal une navigation maritime ».

---

[10]Voir Philippe DELEBECQUE, Droit maritime, Précis Dalloz, 13ème édition 2014, p.489, n°711.
[11]Voir l'article 2 paragraphe 47 du Code de la marine marchande.

Comme le Code précédent, le Code de 2012 réserve la navigation au cabotage national et sous-régional, aux navires battant pavillon d'un Etat membre, sauf dérogation justifiée accordée par chaque autorité maritime compétente, au cas par cas. Cependant, on observe avec regret que les propriétaires de ces navires ne tirent pas avantage de cette disposition.
Le Code donne, également, le statut administratif au navire, précisément les éléments de son individualisation, son immatriculation qui ne lui confère pas seulement une sorte de situation réelle mais, lui donne un statut et notamment une nationalité. Il y a également le signalement et le jaugeage du navire ainsi que le statut juridique de celui-ci.

Le titre IV consacré aux privilèges et hypothèques maritimes fixe les catégories de créances privilégiées sur le navire et sur le fret du voyage. Le Code donne une liste des catégories des privilèges de premier rang qui passent avant les hypothèques maritimes qui constituent des sûretés conventionnelles conférant au créancier un droit réel sur le navire. Ici, le jurislateur communautaire de 2012 a été fidèle à celui de 2001 en veillant simplement à ce que ces sûretés soient les mêmes que celles édictées par l'acte uniforme de l'OHADA relatif au recouvrement des créances.

A l'instar de la quasi-totalité des législations maritimes, et comme dans le Code de 2001, le code de 2012 maintient la règle de limitation de responsabilité des propriétaires de navires et de leurs assistants. Il établit les principes et conditions de la limitation de responsabilité. Il est important de souligner que les limites de la responsabilité du propriétaire de navire sont celles établies par la convention sur la limitation de la responsabilité en matière de créances maritimes signée à Londres le 19 novembre 1976, amendée en 1996. Le Code prévoit un fonds de limitation, la procédure de sa constitution, sa répartition ainsi que les voies de recours.

Le titre IV consacré à la saisie des navires est une autre innovation. S'agissant de la saisie-vente, celle-ci a été arrimée à l'acte uniforme de l'OHADA relatif au recouvrement des créances puisque le terme de saisie-exécution a été remplacé par la saisie-vente. Cette harmonisation est une bonne chose. Concernant la saisie conservatoire du navire, certaines dispositions ont été maintenues en l'état, tandis que d'autres ont connu une évolution remarquable. Cette fois encore, on notera que le code ne définit pas la notion de saisie conservatoire, encore moins celle de créance maritime. Mais on sait que « la saisie conservatoire empêche le départ du navire. Elle ne porte aucune atteinte aux droits du propriétaire».
La saisie conservatoire des navires ne peut être pratiquée sans une autorisation préalable de l'autorité judiciaire compétente. Cette règle, d'ordre public est dans le Code qui précise que « la saisie conservatoire est autorisée par ordonnance rendue sur requête par l'autorité judiciaire compétente après avis de l'autorité maritime compétente[12]. Cet avis qui était déjà justifié par le jurislateur du Code UDEAC par la nécessité de limiter les abus en matière de saisie et de s'assurer du fondement de la créance demeure est, à juste titre, contesté. Un auteur considère qu'il s'agit d'une exigence superflue[13]. Pour un autre auteur,[14] la pro-

[12]Voir l'article 150 alinéa 1 du Code.

[13] Voir Gaston NGAMKAN, saisie conservatoire de navires en Afrique centrale : l'avis de l'autorité maritime compétente : une exigence superflue ?, DMF juillet-août 2000, p.665 et s.

[14]Voir Ebénézer KENGUEP, La procédure de saisie conservatoire des navires : le chemin de croix des justiciables camerounais, revue de l'ERSUMA : Droit des affaires, n° 6, janvier 2016, p.1.s.

cédure de saisie conservatoire des navires est le chemin de croix des justiciables. Ce qui traduit l'idée selon laquelle son maintien semble inopportun quand on sait que cet avis a un caractère consultatif et ne lie pas le juge »[15].

Ce dernier peut décider de passer outre car il ne s'agit pas d'une autorisation. La liste assez large, mais limitative, des créances susceptibles de donner lieu à la saisie conservatoire du navire est désormais plus étoffée en se référant à la convention internationale du 12 mars 1999 et à la convention internationale de Bruxelles du 10 mai 1952 pour l'unification de certaines règles sur la saisie conservatoire des navires.

Une remarque s'impose en l'état du droit positif. La saisie conservatoire des navires est soumise à un régime dualiste. Un régime communautaire dicté par le Code CEMAC et un régime international, soit de la convention de Bruxelles du 10 mai 1952, soit de la convention internationale du 12 mars 1999 dont l'article 8 dispose : « la convention s'applique à tout navire relevant de la juridiction d'un Etat signataire. Ce qui a pour conséquence que les navires battant pavillon d'un Etat qui n'a pas ratifié l'une des conventions seront soumis à cette convention lorsqu'ils se retrouvent dans les eaux d'un Etat qui l'a ratifiée ».

Une autre évolution est perceptible dans le Code. Constituée gardien du navire saisi, le mandat de l'autorité maritime compétente est désormais rémunéré. On peut regretter ici que ce gardien n'assume qu'une obligation de moyen[16] alors qu'il avait été proposé lors des travaux de révision du code que l'obligation de moyen soit renforcée. Autrement dit, on demande d'imposer à l'autorité maritime compétente une véritable obligation de résultat.

---

[15]Voir l'article 148 du Code.

[16]Voir l'article 154 du Code

Dans le livre III consacré à la navigation maritime, il est question de la sécurité de la navigation, la sûreté des navires et des installations portuaires, les sociétés de classification, les évènements de mer et les épaves maritimes.
Nous allons nous attarder que sur deux points qui ont connu des évolutions remarquables. Sont considérés comme évènements de mer l'abordage, l'échouement, l'incendie, la perte de navire, les avaries, l'assistance et le sauvetage maritimes. C'est là une reproduction de l'ancien Code.
Une des innovations majeures du Code de 2012 est l'introduction des dispositions pertinentes du Code international pour la sûreté des navires et des installations portuaires (Code ISPS). En sus de la sécurité de la navigation, il crée un « cadre international en matière de sûreté maritime et, ensuite, élargit de façon obligatoire la coopération entre les exploitants de navires, les établissements portuaires par le biais des gouvernements, des compagnies maritimes ou armateurs et des opérateurs privés chargés de gérer les terminaux en concession dans les pays contractant »[17].
La protection de l'environnement est une préoccupation majeure des Etats de la CEMAC et des organisations internationales[18]. Grâce à l'importance de la question, le jurislateur communautaire a cru bon d'y consacrer dix-huit titres. A la différence du Code de 2001, on notera l'insertion de trois nouveaux titres relatifs, tour à tour, à la prévention dc la pollution par les peintures de coque des navires, aux dispositions sur les pétroliers à simple coque ainsi qu'aux plates-formes en mer. A la suite des naufrages pétroliers, l'ampleur des dommages dus à la pollu-

---

[17]Voir Paulette NGO MBOGBA, le droit international de la sûreté maritime de 2002 en Afrique subsaharienne, éd. L'Harmattan 2015.
[18]Voir Aboubacar FALL, le contrôle par l'Etat du port en matière de sécurité de la navigation et de protection de l'environnement marin, DMF février 2000, p.99 et s.

tion par les hydrocarbures a conduit les nombreuses législations et les conventions internationales à centrer la responsabilité sur le propriétaire du navire. Dans ce cas, le Code vise expressément quelques conventions, notamment la convention MARPOL 73/78 ainsi que la convention de Londres de 1972 sur la prévention de la pollution par les immersions de déchets à partir des navires.

Le propriétaire du navire dont la responsabilité civile serait engagée peut bénéficier de la limitation de responsabilité telle que fixée par la convention internationale sur la responsabilité civile pour les dommages de pollution par les hydrocarbures. En revanche, il ne pourra pas la limiter si les dommages proviennent d'un acte ou d'une omission, qu'il a commise personnellement soit avec l'intention de causer le dommage, soit témérairement en sachant qu'un tel dommage en résulterait probablement. En tout état de cause, il y a l'obligation de s'assurer.

Le livre V consacré aux gens de mer permet de cerner les contours de la notion d'armateur, de fixer les fonctions et responsabilités du capitaine ainsi que celles du marin. Les règles de conditions décentes de travail à bord des navires sont renforcées dans le code grâce à une part envahissante des dispositions de la convention du travail maritime de l'OIT de 2006 avec tout de même des nuances mineures. Mais quelques fois, le droit du travail maritime semble être subordonné au droit du travail terrestre[19].
Le Code donne par ailleurs, une définition des gens de mer tirée du Code de 2001. On remarque toutefois en 2012, une confusion entre les gens de mer et le marin puisqu'il expressément écrit qu'il faut entendre par gens de mer ou

---

[19]Voir Aristide NONONSI, l'évolution du travail maritime dans les pays de la CEMAC et l'UEMOA : Entre dépendance, autonomie et subordination au droit du travail terrestre, DMF mai 2009, p. 454 et s.

marin « tout professionnel de la navigation maritime et toute autre personne dont l'activité professionnelle s'exerce en mer ». Cette confusion n'est pas acceptable. A la lecture de l'article 383 alinéa 1 du Code communautaire de la marine marchande, on constate que « les marins constituent l'équipage du navire, placé sous l'autorité du capitaine ».

Or les gens de mer ne sont pas forcément sur un navire. Il semblerait que le jurislateur communautaire ait dansé au tango avec la définition des gens de mer ou marin tirée de la MLC 2006 et qui « désigne les personnes employées ou engagées ou travaillant à quelque titre que ce soit à bord d'un navire ». Une définition bien restrictive, notamment pour les gens de mer.

A la vérité, sont des gens de mer, les marins qui participent à l'exploitation du navire, mais pas exclusivement. Si la notion de gens de mer englobe celle de marin, elle ne s'y identifie pas. Sans doute, les gens de mer, comme les marins, peuvent-ils être des salariés ou des professionnels indépendants. Sans doute, doivent-ils exercer leur activité à bord du navire. Mais leur activité n'est pas nécessairement liée à la marche, à la conduite, à l'entretien ou au fonctionnement du navire. L'activité des gens de mer doit être de nature professionnelle[20].

Les professions maritimes et les professions auxiliaires du transport maritime constituent - sans aucun doute - l'un des principaux chantiers du code révisé. Certes les professions de pilotage, remorquage et de lamanage règlementées dès 1994 semblent ne pas avoir subi l'usure du temps, et ont donc été maintenues en l'état, il reste que le plaidoyer fait contre le mimétisme fâcheux de la réglementation d'autres professions maritimes en droit CEMAC avec

[20]Voir l'article 2 paragraphe 47 du Code de la marine marchande.

le droit maritime français n'a pas laissé le jurislateur communautaire indifférent[21].

Un chapitre encadre les professions auxiliaires au service de la cargaison. Les définitions assez précises de ces contrats couvrent les nombreuses formes d'intervention des auxiliaires de mer : consignataire, entrepreneur de manutention, transitaire et l'entrepreneur de transport multimodal.
Le consignataire est le mandataire salarié de l'armateur ou des ayants droit à la marchandise. Lorsqu'il agit dans les intérêts de l'armateur, il prend le nom de consignataire du navire. En revanche, s'il intervient dans l'intérêt des ayants droit à la marchandise, il est alors considéré comme le consignataire de la cargaison.
Une évolution notable s'est produite dans la situation du consignataire. Désormais, il est le garant des condamnations pécuniaires prononcées contre l'armateur étranger dont il est le mandataire, sauf recours contre cet armateur[22].
L'entrepreneur de manutention est chargé de toutes les opérations de chargement et de déchargement des marchandises, y compris les opérations de mise et reprise sous hangar et sur terre-plein, qui en sont le préalable ou la suite nécessaire[23]. Il bénéficie des conditions et limites de responsabilités du transporteur de marchandises par mer. Quant au transitaire, il est un mandataire salarié qui inter-

---

[21]Voir Gaston NGAMKAN, un mimétisme fâcheux en droit maritime de l'Afrique : l'article 382 du Code de la marine marchande de l'UDEAC : plaidoyer pour un carénage du statut juridique de l'entrepreneur de manutention en Afrique centrale, DMF, p. 831, voir également Gaston NGAMKAN, Etude comparée du statut juridique de l'entrepreneur de manutention en droit français et en droit communautaire de l'Afrique centrale, DMF mars 2009, p. 261 et s.
[22]article. 624 alinéa 5 du code de la marine marchande.
[23]article 627 du code de la marine marchande.

vient à la charnière entre deux modes de transport tandis que l'entrepreneur de transport multimodal est toute personne physique ou morale chargée d'organiser le déplacement de la marchandise d'un lieu à un autre en ayant recours à au moins deux modes de transport différents sur la base d'un contrat unique[24].

A tous ces professionnels, une prescription de deux ans est fixée par le Code. Ce qui a le mérite de corriger une carence qui existait dans le Code de 2001.

Par ailleurs, l'organisation des transporteurs maritimes, notamment les dispositions de l'article 461 du Code lequel dispose « le trafic maritime en provenance ou à destination des Etats membres et traité au sein des conférences de lignes régulières, fait l'objet d'une réglementation conforme aux dispositions de la convention des Nations Unies relative à un Code de conduite des conférences maritimes signée à Genève le 6 avril 1974. Les taux de fret sont négociés dans les conditions prévues par ledit Code », ne peuvent pas passer sous silence lorsque l'on sait que la norme internationale visée ici a été euthanasiée par les partisans d'un libéralisme féroce, précisément les puissances maritimes occidentales.

En dépit de tout, le maintien de la règle des 40/40/20 dans le Code de 2012 est une bonne chose qui participe à une concurrence maritime encadrée[25] et un protectionnisme justifié.

---

[24]Voir l'article 624 du Code de la marine marchande.

[25]Voir Jean-Claude NGNINTEDEM, le transport maritime à l'épreuve du droit de la concurrence communautaire CEMAC, DMF octobre 2008, p. 828 et s.

Le Code réglemente deux principales formes juridiques d'exploitation commerciale des navires : le contrat de transport et le contrat d'affrètement.

Le bloc de texte dédié au transport de marchandises contient les normes sur ce type de transports maritimes, son champ d'application va couvrir le porte-à-porte et non plus exclusivement comme c'était le cas avec les anciennes conventions le port à port[26].
Il contient aussi des développements sur les documents de transport et les documents électroniques de transport, l'exécution du contrat ainsi que les délais d'action et de compétence. Toutes ces dispositions ont un caractère d'ordre public. Celles sur le transport de passagers et des bagages règlementent le champ d'application et les dispositions communes. Il apporte des précisions utiles sur le transport de passagers, celui des bagages mais également sur les croisières maritimes. Ces règles ont aussi un caractère d'ordre public.
Les normes sur la responsabilité du transporteur sont clairement étendues aux parties exécutantes. Variable, cette responsabilité a une certaine spécificité car le transporteur maritime pourra être exonéré s'il apporte la preuve que des cas exceptés de responsabilité sont la cause de la perte, du dommage ou du retard ou y ont contribué. A la différence du Code 2001, la faute nautique ne figure plus dans le cas excepté.
Le Code fixe de nouveaux plafonds d'indemnisation limités à 875 DTS par colis ou unité de chargement, ou à 3 DTS par kilogramme de poids brut de marchandises objet de la réclamation ou du litige.

En cas d'atteinte à la vie des passagers et à leurs bagages, comme dans le cas du transport de marchandises, le trans-

[26] Voir Victor-Emmanuel BOKALLI, op. cit. p. 4.

porteur est responsable seulement si son comportement est fautif. Il s'agit là d'une présomption simple dont le transporteur peut se libérer en prouvant que ni lui ni ses préposés n'ont commis de faute. Dans tous les autres cas, il appartient à la victime de prouver la faute ou la négligence du transporteur maritime. La responsabilité du transporteur pourra aussi être écartée, en tout ou en partie, s'il établit que le comportement dolosif ou la faute lourde du passager a causé le dommage ou y a contribué. Le transporteur bénéficie des plafonds de responsabilité mais aussi d'un droit à la limitation de sa responsabilité.
Le code règlemente trois types d'affrètements de navires : l'affrètement à temps (time charter), l'affrètement coque-nue (bareboat charter) et l'affrètement au voyage. Elle prévoit également le sous-affrètement des navires.
Les dispositions ont un caractère supplétif et les parties peuvent modifier complètement leur contenu ou écarter totalement leur application. Par l'affrètement coque-nue, le fréteur s'engage, contre paiement d'un loyer, à mettre à la disposition d'un affréteur, pour un temps défini, un navire déterminé, sans armement, ni équipement ou avec un équipement et un armement incomplets[27]. Dans le contrat d'affrètement au voyage, le fréteur met, en tout ou en partie, un navire armé en bon état de navigabilité à la disposition de l'affréteur en vue d'accomplir un ou plusieurs voyages[28] tandis que dans l'affrètement à temps, le fréteur s'engage à mettre un navire armé et en bon état de navigabilité à la disposition de l'affréteur pour un temps défini[29].

Dans ces deux derniers affrètements, le jurislateur communautaire a simplement omis de dire que l'affréteur a entre autres obligations de payer le prix de l'affrètement.

---

[27]article 500 du Code de la marine marchande
[28]article 475 du Code de la marine marchande
[29]article 490 du Code de la marine marchande

Le contrat d'affrètement est, en droit communautaire, une variété du contrat de louage de choses. La pratique de ces contrats donne souvent lieu à un grand nombre d'actions en justice.

De manière générale, les professionnels du maritime et toute personne qui y a intérêt doivent souscrire des assurances maritimes.
Le Code de la marine marchande de la CEMAC prévoit l'institutionnalisation d'une chambre maritime au sein des juridictions d'instance et d'appel. Il est demandé aux Etats d'instaurer une chambre spécialisée au sein de la Cour de justice communautaire pour connaître des recours en contentieux maritimes. Cette création permettra, a priori, une meilleure réponse à des décisions de justice rendues par des professionnels ; encore faudra-t-il que ceux-ci soient bien formés. Le secteur maritime et portuaire est un environnement exposé à des dangers et les problèmes qui en résultent ne doivent pas être confiés à des « non-initiés ».
Une telle demande, qui devrait être partagée par les Etats, entraînera une légère modification de l'organisation judiciaire de chaque Etat membre de la CEMAC. Il n'est pas certain qu'elle soit envisagée à court terme lorsqu'on sait les lenteurs avec lesquelles les décisions de la CEMAC sont mises en œuvre par les Etats.
Un problème va voir le jour. Désormais, le contentieux maritime en dernier ressort ne devrait plus être tranché par la Cour commune de justice et d'arbitrage de l'OHADA (CCJA), mais par la Cour de justice de la CEMAC. Il n'est pas acquis que, saisie à la suite d'un recours relatif à une affaire de commerce maritime, la CCJA puisse se déclarer incompétente au profit de la Cour de la CEMAC. Il paraît donc urgent que des initiatives concertées soient prises entres les deux Cours pour simplifier la situation des justiciables au lieu de la compliquer si d'aventure chacune

d'elle n'acceptait pas de céder son contentieux au bénéfice de l'autre.

CONCLUSION

La volonté des Etats de la CEMAC d'arrimer leur instrument communautaire sur la voie du « chemin d'avenir maritime » moderne est une avancée qui pourrait s'avérer inaboutie si la commission de la CEMAC ne corrige pas une lacune, à savoir la publication au journal officiel de la commission et l'édition du code révisé.

Outre cette nécessaire mise en œuvre du droit communautaire de la marine marchande révisé en 2012, les autorités maritimes compétentes des Etats membres devront s'atteler à la construction du droit positif national. Régulièrement dans le Code, il est indiqué qu'il leur revient de fixer un certain nombre de règles. Ainsi que l'écrit un maritimiste africain[30] dans une étude remarquable, « nonobstant les disparités observées, le divorce entre le droit maritime français et le droit maritime communautaire de l'Afrique centrale (CEMAC) n'est pas encore définitivement consommé pour cause d'infidélité du second, si tant est qu'il le soit réellement un jour, en l'état de l'ancienneté des relations entre les deux législations ».

On observe aussi que les différents Etats traînent le pas en vue de la ratification de certains instruments internationaux bien que plusieurs de leurs dispositions sont intégrées dans le Code.

---

[30]Voir Gaston NGAMKAN, Etude comparée entre le droit maritime français et le droit maritime communautaire de l'Afrique centrale (CEMAC), DMF septembre 2012 p. 772, n°63.

Pour l'heure, et au regard de ce qui précède, il pourrait être judicieux d'ouvrir, dès à présent et sans précipitation, le chantier d'une nouvelle révision du Code conformément aux dispositions de son article 800 qui dispose : « trois ans après l'entrée en vigueur du présent Code, tout Etat membre ou la commission de la CEMAC peut en demander la révision. La commission de la CEMAC notifie la demande de révision à tous les Etats membres et convoque une commission de révision dans un délai de quatre mois à dater de la notification adressée par lui à chacun des Etats membres ».

Pour la marche vers le développement maritime !

LA RÉCEPTIVITÉ DU CODE COMMUNAUTAIRE DE LA MARINE MARCHANDE DE 2012 PAR LES JURIDICTIONS DES PAYS DE L'AFRIQUE CENTRALE : LE CAS DU CAMEROUN

par Gaston NGAMKAN
Docteur en Droit (Université d'Aix-Marseille)
Avocat au Barreau du Cameroun
Ancien Avocat à la Cour d'appel d'Aix-en-Provence
Président de l'ACDM
(Association Camerounaise du Droit Maritime)

1. Le Code communautaire de la marine marchande dont il est question a été adopté le 22 juillet 2012 à Brazzaville au cours d'une réunion du Conseil des Ministres de l'UEAC[31], organe normatif en charge de l'adoption des règlements, des règlements-cadres et des directives, sur

[31] UEAC signifie Union Economique de l'Afrique Centrale. De fait, la CEMAC est constituée de cinq institutions : l'Union Economique de l'Afrique Centrale, l'Union Monétaire de l'Afrique Centrale (UMAC), le Parlement, la Cour de Justice Communautaire et la Cour des Comptes Communautaire, et de sept organes : la Conférence des Chefs d'État, le Conseil des Ministres, le Comité Ministériel, la Commission de la CEMAC, la Banque des Etats de l'Afrique Centrale (BEAC), la Banque de Développement des Etats de l'Afrique Centrale (BDEAC) et la Commission Bancaire de l'Afrique Centrale (COBAC). La Conférence des Chefs d'État est l'organe suprême de décision. Il faut relever que le Conseil des Ministres partage sa fonction normative avec la Conférence des Chefs d'État. Pour plus de détails, voir : P. Kamtoh, Introduction au système institutionnel de la CEMAC, Afrédit 2014, pp. 41-44.

proposition du Président de la Commission, en vue de la réalisation des objectifs de l'Union Economique[32]. En vertu de l'article 2 du Règlement n° 08/12-UEAC-088-CM-23 consacrant son adoption officielle, ce code est entré en vigueur dès son adoption, abrogeant par cela seul le Code du 3 août 2001 qui a cessé de recevoir application.

2. Au-delà de toutes prévisions, jusqu'à l'orée de l'année 2017, soit près de cinq ans après son adoption, ce code n'avait toujours pas été édité, pas plus que n'avait été publié au B.O. (Bulletin Officiel) de la Communauté le Règlement susvisé, comme le prévoit son article 2[33]. Le Code n'était pas davantage consultable en ligne[34]. Seule une version numérisée ou polycopiée portant les paraphes et signature du Président de la Commission de la CEMAC, dont l'authenticité n'était pas avérée, était en circulation. Et il était outrageusement contrefait et commercialisé dans les milieux judiciaires et les milieux d'affaires à Douala, notamment à l'entrée du prétoire du tribunal de première instance de Douala-Bonanjo.

---

[32] Communauté Economique de l'Afrique Centrale.

[33] A la vérité, et contrairement à l'opinion répandue jusque-là, le Règlement avait été publié dans le numéro unique du Bulletin Officiel de 2012 (p.34), sauf que, du fait de la léthargie de la Commission de la CEMAC, ce numéro n'est paru que quelques années plus tard. Qui pis est, la Commission n'a rien fait pour dissiper les brumes qui obombraient la question, n'ayant fait aucune communication sur ce point. Il reste cependant que la réalité de la publication du Règlement querellé clôt désormais tout débat byzantin sur le caractère officiel ou officieux du Code de 2012. A noter que, dans ce même numéro du B.O. (p.33), avait été également publié le Règlement n° 07/12-UEAC-066-CM-23 portant adoption du Code de l'aviation civile des Etats membres de la CEMAC, règlement adopté le même jour que le précédent.

[34] Depuis l'année 2017, ce code peut être consulté sur le site officiel de la CEMAC : www.cemac.int.

3. C'est dire que, jusqu'à son édition et sa publication récentes sur le site internet de la Communauté, notre Code de la marine marchande n'avait visiblement aucun caractère officiel.
Dès lors, on aurait pu légitimement s'attendre à une attitude réservée, voire réfrigérante des juridictions des Etats membres à l'égard du nouveau Code.

4. A la surprise générale, c'est plutôt la réaction inverse qui s'était concrétisée devant les juridictions camerounaises. En effet, on a assisté à un accueil favorable et spontané dudit Code par ces juridictions, notamment celles de Douala qui connaissent, en première instance et en appel, de la quasi-totalité du contentieux maritime au Cameroun.

5. La palme d'or de cette attitude bienveillante est détenue par le tribunal de première instance de Douala-Bonanjo dont le Président en fonction a fait du Code de 2012 son livre de chevet, son bréviaire, notamment dans le domaine de la saisie conservatoire de navires, allant quelques fois jusqu'à accorder la préséance au Code au détriment de la Convention de Bruxelles du 10 mai 1952 sur la saisie conservatoire de navires, au mépris du principe de la hiérarchie des normes, alors que le Cameroun est contractant à cette Convention internationale depuis le 23 avril 1958.

6. Dans l'implémentation du nouveau Code, le tribunal de première instance de Douala-Bonanjo est talonné de près par le tribunal de grande instance du Wouri à Douala, essentiellement dans les actions en validité de saisie conservatoire de navires, les questions de saisie-vente et de limitation de responsabilité en matière de créances maritimes, sans que le catalogue soit pour autant exhaustif.

7. Quant à elle, la Cour d'appel du Littoral à Douala fait plutôt figure d'iconoclaste, de mauvais élève, tandis que la posture de la Cour suprême confine, pour l'instant, à une arlésienne, nos recherches ne nous ayant pas permis d'accéder à des arrêts de la Cour régulatrice faisant application du nouveau Code.

8. Ainsi, si de manière générale on observe une application spontanée et régulière du nouveau Code en dépit de son caractère apparemment officieux (I), il reste cependant que quelques cas marginaux de résistance, qui jurent affreusement avec la spontanéité globalement remarquée, ont été recensés, certaines décisions n'hésitant pas à faire litière ou bon marché de la lettre lumineuse de certains textes (II).

I- UNE APPLICATION SPONTANEE ET REGULIERE D'UN INSTRUMENT D'UNIFORMISATION EN APPARENCE OFFICIEUX

9. La saisie conservatoire des navires est le domaine le plus prolifique, le plus foisonnant, où le Code a été le plus soumis à l'épreuve des tribunaux camerounais (A). Mais, l'application du Code s'est faite aussi dans d'autres domaines non moins significatifs (B).

A- La saisie conservatoire des navires, laboratoire par excellence d'expérimentation du nouveau Code

10. Dans le domaine de la saisie conservatoire des navires, les tribunaux de Douala ont eu à se prononcer, entre autres, sur :

- la notion de navire saisissable ;

- l'action au fond aux fins d'obtention d'un titre exécutoire ;
- la répartition amiable du prix de vente aux enchères publiques d'un navire saisi ; et
- la distribution du prix de vente d'un navire saisi.

1- La notion de navire saisissable

11. Dans son ordonnance de référé n° 460 du 26 juin 2016 rendue dans l'affaire "Apisara Naree"[35], en sa qualité de juge des référés, le Président du tribunal de première instance de Douala-Bonanjo s'est prononcé sur la notion de navire saisissable, en application de l'article 144 du Code communautaire de la marine marchande, texte qui énonce que :

"***La saisie peut porter soit sur le navire auquel la créance se rapporte, soit sur tout autre navire appartenant à celui qui était, au moment où est née la créance maritime, propriétaire du navire auquel la créance se rapporte***".

Ce texte, qui est l'exact pendant de l'article 3 § 1er de la Convention de Bruxelles du 10 mai 1952 sur la saisie conservatoire de navire, permet, de toute évidence, la saisie conservatoire du navire débiteur ou causal, pour autant que la créance litigieuse présente un caractère maritime, est liée à l'exploitation du navirc.

12. En l'occurrence, le navire susnommé était indéniablement celui qui avait reçu la fourniture des soutes ayant généré la créance maritime litigieuse. C'est donc, à juste raison, que le juge des référés du tribunal de première instance de Douala-Bonanjo avait autorisé et, ensuite, main-

---

[35] Aff. Previous Lagoons Ltd contre SwissEnergy Trading and Supply Co S.A.

tenu la saisie pratiquée sur ce navire en recouvrement d'une créance d'avitaillement restée impayée. En effet, l'argutie de l'armateur consistant à soutenir que la créance litigieuse n'avait de prise que l'égard de l'affréteur, qui avait effectivement commandé les soutes querellées, n'avait pas trouvé grâce devant le juge des référés.

13. Pour ce juge, "***il est un truisme, et cela ressort tant des pièces du dossier de la procédure produites par la société demanderesse que de longs débats à l'audience, que… la créance dont le recouvrement est poursuivi est une créance maritime au sens des articles 144, 149 et 75 du Code communautaire de la marine marchande de 2012 susvisés actuellement en vigueur, ainsi que l'a démontré opportunément le Conseil de la demanderesse[36] ;***

Ce texte permet, à n'en pas douter, de la saisie conservatoire du navire auquel la créance se rapporte, indépendamment de l'identité du débiteur et que la créance soit privilégiée ou non, et même que le débiteur soit l'affréteur ou le propriétaire du navire ;

Au bénéfice de tout ce qui précède, il échet de dire bonne et valable la saisie conservatoire du navire "Apisara Narre" suivant ordonnance n° 588 du 21 mai 2015 du Président du tribunal de céans, juge des requêtes, et procès-verbal du 7 juin 2015 de Maître René Embolo, huissier instrumentaire, les conditions légales y afférentes étant toutes réunies ;

Il échet, par voie de conséquence de débouter la société demanderesse de son action comme non fondée, toutes prétentions contraires étant nulles et non avenues".

---

[36] Il s'agit du soussigné.

14. Au final, l'armateur du navire "Apisara Naree" n'a pas eu d'autre planche de salut que de déposer une garantie au greffe du tribunal consistant en un chèque couvrant l'intégralité des causes de la saisie (76 759 245,55 F CFA) et, par ordonnance n° 475 du 1er juillet 2015, le juge des référés a donné mainlevée de la saisie sur le fondement de l'article 5 de la Convention de Bruxelles sur la saisie conservatoire de navire, les articles 146 et 147 du Code ne prévoyant, en pareille occurrence, qu'une autorisation de voyage avec un délai butoir de retour du navire au port de la saisie pour se constituer à nouveau prisonnier.

2- L'action du fond en obtention d'un titre exécutoire

15. D'après l'article 155 § 1er du Code communautaire en vigueur, "***à compter de la notification du procès-verbal de saisie conservatoire et à peine de caducité, le saisissant doit, dans un délai d'un mois, introduire une procédure ou accomplir les formalités nécessaires à l'obtention d'un titre exécutoire***".

Dans un autre pan du dossier "Apisara Naree", à la faveur du texte précité, le propriétaire du navire Precious Lagoons Ltd plaidait la caducité de l'ordonnance de saisie sur l'observation – bien spécieuse – que le créancier saisissant SwissEnergy avait omis d'assigner au fond, devant le tribunal de grande instance du Wouri à Douala, dans le délai légal d'un mois, délai qui, dans son opinion, avait expiré le 7 juillet 2015. En conséquence de quoi, il sollicitait la mainlevée de la saisie avec son corollaire naturel, la restitution de la garantie constituée au greffe du tribunal.

16. Mal lui en a pris hélas, le juge des référés n'a pas suivi. En effet, par ordonnance du 19 août 2015, il a débouté l'armateur de sa demande de mainlevée du séquestre des

fonds consignés au greffe en garantie des causes la saisie, non sans avoir opportunément relevé que :
"***En date du 6 juillet 2015, la société défenderesse a fait délivrer à la société SOCOPAO CAMEROUN, en sa qualité d'agent consignataire du navire "Apisara Naree", une assignation à comparaître devant le tribunal de grande instance du Wouri en vue de l'obtention d'un titre exécutoire à la suite de la saisie conservatoire du navire qu'elle a pratiquée en date du 7 juin 2015 ;***

Cette assignation intervient dans le délai d'un mois imparti par les dispositions impératives de l'article 155 du Code communautaire de la marine marchande ;

Il n'y a pas, dès lors, caducité de l'ordonnance n° 588 du 21 mai 2015 ayant autorisé la saisie conservatoire ainsi pratiquée".

17. Cette décision soulève en filigrane un réel problème, mais qui ne s'est pas posé en cette cause : l'article 155 § 1er prévoit la caducité à titre de sanction de l'inertie du créancier saisissant. Dès lors, s'agit-il de la caducité de la saisie ou de celle de l'ordonnance sur laquelle la saisie s'arc-boute. L'intérêt de la question est le suivant : s'il s'agit de la caducité de la saisie, le créancier peut, tout en donnant spontanément une mainlevée amiable de la saisie contestée, pratiquer une nouvelle saisie sur la base de la même ordonnance qui a conservé toute sa vitalité. En revanche, s'il s'agit de la caducité de l'ordonnance, la mainlevée de la saisie devient incontournable sans que le créancier puisse y faire le moindre geste.

L'article 155 § 1er ne tranche pas ce nœud gordien, étant muet sur la question comme une carpe d'eau douce.

18. Pour autant, la jurisprudence dominante considère qu'il s'agit de la caducité de la saisie et non de l'ordonnance[37]. Aussi bien, est-ce la solution qui a été retenue par le tribunal de grande instance du Wouri à Douala dans l'affaire "MSC Lucia"[38] où, sur la base de la même ordonnance, le saisissant avait pratiqué une seconde saisie du fait que la première n'avait pas prospéré. En effet, la saisie ayant eu lieu en fin de journée, avec la collusion du maître de port en service, le navire "MSC Adèle" avait réussi à filer entre les mailles du filet et avait quitté le port, nonobstant la saisie dont il faisait théoriquement l'objet. Fort de la même ordonnance, le créancier avait pratiqué une nouvelle saisie sur le navire "MSC Lucia", un autre navire appartenant au même débiteur. Dans le cadre de l'instance au fond en obtention d'un titre exécutoire,

---

[37] Cass. com., 14 oct. 1997, navire "Marine Evangeline", in DMF 1998, 24, rapp. de M. le Conseiller référendaire J.P. Rémery ; Gaz. Pal. 1998, p. 142, obs. Tony Moussa ; BTL 1997, 780 ; Rev. Arb. 1998, note Théry, qui retient que : "***Le créancier, qui a pratiqué la saisie conservatoire d'un navire, doit engager une procédure lui permettant d'obtenir un titre exécutoire, s'il n'en possède pas, dans le délai d'un mois suivant l'exécution de la saisie, à peine de caducité de celle-ci***" voir aussi : voir aussi dans la même veine : Civ., 18 fév. 1999, in Bull. II, n° 34, p. 24, qui précise que : "***La Cour d'appel n'était saisie que d'une demande de caducité de la mesure***" ; Cass. com., 27 juin 2000, Bull 2000, n° 131, p. 119 ; Ph. Delebecque, in DMF H.S. n° 16, pp. 57-58, n° 80, citant un arrêt de la Cour d'appel de Montpellier du 21 mars 2011 (n° 10/09271) qui retient que : "***doit être ordonnée la mainlevée de la saisie conservatoire pratiquée entre les mains du capitaine, dès lors que cette mesure est caduque***" ; sur l'ensemble de la question, voir : A. Rossi, La saisie conservatoire de navire, éd. PUAM 20006, pp. 238-240, n° 349-350, qui, après quelques hésitations, finit par admettre que "***c'est bien la mesure et non le titre qui doit disparaître. Il devrait en aller de même d'une décision de justice qui ne devrait pas s'éteindre pour défaut d'introduction d'une procédure visant à l'obtention d'un titre exécutoire dans le délai d'un mois***".

[38] Aff. Ets Jongwane Dépôt Sarl contre armement MSC S.A. (inédit).

l'armement MSC S.A. soulevait l'irrecevabilité de l'action de la société requérante au motif que l'ordonnance n° 0853 rendue le 22 juillet 2015 par le Président du tribunal de première instance de Douala-Bonanjo, sous sa casquette de juge des requêtes, et ayant autorisé la saisie conservatoire de tout navire de cet armement, était caduque puisqu'ayant déjà servi de fondement à une première saisie qui avait manqué son but. Par jugement n° 510/COM du 8 novembre 2016 (inédit), se rangeant sous la bannière de la jurisprudence constante, le tribunal n'a pas accédé à l'irrecevabilité tirée de la caducité de l'ordonnance susdite et, dans la foulée, a condamné l'armateur à payer au créancier saisissant la somme globale de 62 000 000 F CFA. L'armateur a relevé appel de ce jugement. L'arrêt de la Cour d'appel est attendu.

19. Par ailleurs, l'ordonnance précitée du 19 août 2015 rappelle un autre postulat, lequel s'évince nettement de l'article 624 § 3 du Code communautaire de la marine marchande, à savoir que l'armateur est valablement assigné chez l'agent consignataire de son navire[39]. En effet, ce texte, qui fait du consignataire de navire "***la boîte postale judiciaire de l'armateur***"[40], dispose que :

"***Tous les actes judiciaires et extrajudiciaires que le capitaine est habilité à recevoir peuvent être notifiés au consignataire de navire***".

[39] Dans la même lignée : TPI Douala-Bonanjo, ord n° 380/Réf., 4 mai 2005, navire "Winner", aff. Armement Yellow Rose Shipping contre Afrique Construction Sarl (inédit) ; C. A. Douala, arrêt n° 46-DE, 7 nov. 2005 (inédit) qui, sur appel de l'armateur, approuve l'ordonnance entreprise.
[40] M. Remond-Gouilloud, Droit maritime, Pedone 1988, n° 750.

Et la jurisprudence précise que, dans ce cas, le délai d'ajournement est celui de droit commun prévu par l'article 14 du Code de procédure civile et commerciale du Cameroun, c'est-à-dire le délai de huitaine, sans ajout des délais de distance de l'article 15 qui s'explique par la résidence étrangère de l'armateur[41].

3- La répartition amiable du prix dans le cadre d'une vente aux enchères publiques d'un navire saisi

20. En cas de vente aux enchères publiques d'un navire saisi, la répartition du prix de vente entre les différents créanciers colloqués se fait en tenant compte des privilèges dont peuvent être assorties certaines créances et de leurs rangs, tels qu'ils sont prévus par l'article 75 du Code communautaire de la marine marchande[42], l'article 325 de l'Acte uniforme OHADA sur les voies d'exécution, qui admet la répartition consensuelle du prix de vente n'ayant pas voix au chapitre en matière de saisie-vente de navire.

Par suite, toute répartition amiable qui méconnaîtrait cette règle tutélaire inscrite à l'article 75 est manifestement vouée à l'animadversion judiciaire.

21. C'est en ce sens qu'a statué le tribunal de grande instance du Wouri à Douala, lequel, par jugement n°

---

[41] En ce sens : Cass. com., 16 fév. 1993, in DMF 1994, 90, n° 33 ; Cass., 12 oct. 1993, in DMF 1994, 111 ; Aix-en-Provence, 17 mai 1991, 723 et DMF 2011, 311 ; Rennes, 20 juill. 1993, in DMF 1994, 512 ; Aix-en-Provence, 4 nov. 1993, in DMF 1994, 599 ; Rennes, 16 mars 1994, in DMF 1994, 599 ; Voir aussi : Y. Tassel, Les auxiliaires du transport maritime, in DMF 1999, pp. 264 et ss., notamm. p. 276, n° 41.

[42] Ce texte détermine les privilèges maritimes, ainsi que leurs rangs respectifs.

439/COM du 6 octobre 2016 rendu dans l'affaire "Swift Split"[43], a rappelé que :
"***S'il est vrai que l'article 325 de l'Acte uniforme OHADA n°6 admet la répartition consensuelle du prix de vente, elle doit tenir compte de tous les créanciers ;***

En l'espèce, les créanciers chirographaires ont procédé à la répartition du prix de ce navire en écartant les membres de l'équipage et autres créanciers privilégiés ;

Le protocole d'accord y relatif, homologué par le jugement susvisé[44]***, viole les dispositions de l'article 75 du Code communautaire de la marine marchande qui détermine l'ordre des répartitions ;***

Il échet, en conséquence, de dire fondée la tierce opposition, d'où la rétractation dudit jugement".

Ce jugement, qui est respectueux des prévisions de l'article 75 du Code CEMAC de la marine marchande, ne peut qu'être approuvé. Il est d'une orthodoxie dont la validité ne peut souffrir discussion.

4- La distribution du prix de vente d'un navire saisi

22. La question est justiciable des articles 75 à 88 du Code communautaire de la marine marchande sur les privilèges maritimes et de l'article 172 de ce même instrument su-

[43] TGI Douala, ch. com., aff. Membres de l'équipage du navire "Swift Split" contre sté Tefon Oilfield Services Sarl et autres.

[44] Il s'agit du jugement n° 188 du 26 mars 2014, lequel avait homologué la convention passée le 13 novembre 2013, sur la répartition du prix de vente du navire, entre des créanciers, chirographaires pour la plupart ou munis de privilèges d'un rang inférieur à celui des membres de l'équipage. D'où le recours en tierce opposition de ces derniers contre ce jugement.

pranational sur la saisie-vente de navire, en particulier sur la distribution du prix de vente.

Ce dernier texte, qui fixe l'ordre et le mode de règlement des créances, énonce que :

"***La collocation des créanciers et la distribution des deniers sont faites entre les créanciers privilégiés et hypothécaires suivant leur ordre et entre les autres créanciers au marc le franc de leurs créances. Tout créancier colloqué l'est, tant pour son principal que pour ses intérêts et frais***".

23. Dans l'affaire "Swift Split" examinée ci-devant, après exploitation des titres de créances produits et admis, le tribunal a classé les différentes créances selon le rang ci-après :

1° les salaires des membres de l'équipage ;
2° les créances de chef de mort d'un marin décédé ;
3° les frais de justice ;
4° les avaries sur marchandises transportées ;
5° les créances pour fournitures diverses.

24. A la suite de quoi, le tribunal en infère qu'en l'état de l'insuffisance du produit de la vente, lequel n'est pas en mesure de désintéresser tous les créanciers, les créanciers super-privilégiés que sont les membres de l'équipage doivent rafler l'entièreté de la cagnotte, soit, en l'espèce, la somme de 225 000 000 F CFA, déduction faite des avances des frais de justice consenties, lesquels sont couverts par un privilège de premier rang (art. 75, § 1er, litt. a), soit 5 000 000 F CFA.

Ce jugement n'étant pas assorti de l'exécution provisoire, pour les raisons expliquées par le tribunal, les membres de l'équipage devront attendre l'issue de la procédure en appel pour espérer être défrayés.

Outre la saisie conservatoire de navire, le nouveau Code a été étrenné dans d'autres domaines qui méritent qu'on s'y attarde.

B- L'application du Code dans d'autres domaines non moins significatifs

25. Deux points majeurs seront relevés :

- la notion de faute inexcusable de l'armateur faisant échec aux plafonds de réparation ; et
- la compétence territoriale dans le transport maritime de marchandises

1- La notion de faute inexcusable de l'armateur faisant échec aux plafonds de réparation

26. Le principe est bien connu dans le domaine de la limitation de responsabilité en matière de créances maritimes. En application des articles 102 et suivants du Code communautaire de la marine marchande, pour pouvoir tirer parti des plafonds légaux de réparation, la personne qui en invoque le bénéfice, à savoir le propriétaire de navire - au sens large du terme - et l'assistant, ne doit pas avoir commis personnellement une faute intentionnelle (dol) ou une faute inexcusable – dite faute de témérité ("wilful misconduct") – en relation causale avec le dommage éprouvé.

C'est du moins ce qui s'évince clairement de l'article 103 § 3 du Code communautaire de la marine marchande, texte repris de l'article 4 de la Convention de Londres du 19 novembre 1976 – dite Convention LLMC. Ce texte énonce, en effet, que toute personne responsable ***"n'est pas en droit de limiter sa responsabilité s'il est prouvé que le dommage résulte de son fait ou de son omission personnelle, commis avec l'intention de provoquer un tel dommage, ou témérairement avec conscience qu'un tel dommage en résulterait probablement***".

27. Dans son jugement n° 646/COM du 1er octobre 2015[45], après avoir dénié à la barge automotrice "Kai Tuo 9" la qualification de navire, l'une des conditions sine qua non pour bénéficier de la limitation de responsabilité, le tribunal de grande instance du Wouri à Douala considère que l'armateur de ladite barge, la société chinoise CHEC, ne saurait être admis au bénéfice de la limitation en raison de la faute inexcusable par lui commise, faute qu'il prend la peine de caractériser avec un soin clinique. Tout d'abord, le rapport d'enquête nautique établi par l'expert relève que la barge n'était pas navigable au moment de l'accident, n'ayant qu'un seul moteur opérationnel qui ne pouvait lui donner suffisamment de puissance pour contrer les effets du vent et du courant, toute chose qui l'a contraint à dériver sur l'estacade (pont provisoire sur le fleuve Wouri) et à l'endommager sérieusement.

En outre, le capitaine de la barge "Kai Tuo 9" a déclaré à la gendarmerie, au cours de l'enquête préliminaire, qu'"***il s'était vu obligé de porter secours à ses camarades du navire « Sanyo Maru » de la même compagnie pour éviter les reproches de sa hiérarchie et ce malgré la panne d'un de ses moteurs***".

---

[45] Aff. Etat du Cameroun s/c Ministère des Finances, sté Activa Cameroun et sté Satom Sogea contre sté China Harbor Engineering Company ltd (CHEC), navire "Kai Tuo 9" (inédit).

Au surplus, si le capitaine en second du navire "Sanyo Maru" a fait appel à son homologue de la barge "Kai Tuo 9" pour lui porter assistance - alors qu'il était innavigable, c'est par cela seul que l'équipage du "Sanyo Maru" ne parlait ni français, ni anglais, et ne pouvait donc communiquer avec la capitainerie qui est pourtant nantie de remorqueurs lui permettant d'intervenir en ce genre d'occurrence. Or, le Code STCW[46] exige, au titre des prescriptions minimales obligatoires pour la délivrance des certificats d'opérateurs de radiocommunication dans le cadre du système mondial de détresse et sécurité en mer (SMDSM), "… ***une connaissance de l'anglais, aussi bien écrit que parlé pour la communication des renseignements concernant la sauvegarde des vies en mer*** ".

28. Le tribunal en induit alors qu'"***en laissant appareiller la barge « Kai Tuo 9 » pour porter assistance au navire « Sanyo Maru », alors que ladite barge n'était pas en possession de ses moyens, les armateurs et affréteurs du « Kai Tuo 9 » avaient nécessairement conscience non seulement du danger auquel le « Kai Tuo 9 » s'exposait, mais également des dommages qu'il pouvait provoquer, ne pouvant naviguer en toute sécurité avec un moteur en panne dans une zone de chenal où les courants sont forts…. ; dans ces conditions, il est avéré que les armateur et affréteur de la barge « Kai tuo 9 » ont commis une faute inexcusable…. ; dès lors, compte tenu de la faute inexcusable commise par les armateur et affréteur du « Kai Tuo 9 », ceux-ci ne peuvent être en droit de limiter leur responsabilité en vertu des dispositions aussi bien de l'article 102 du Code communautaire de la marine marchande CEMAC que de l'article 4 de la Conven-***

[46] Le sigle STCW signifie : "***Standards of Training, Certification and Watchkeeping for Seafarers***" – Code de formation des gens de mer, de délivrance des brevets et de veille.

tion de Londres du 19 novembre 1976 ; en effet, la limitation de responsabilité est un droit exceptionnel, un privilège ne profitant qu'au professionnel consciencieux et compétent"[47].

29. On retrouve là la même tonalité didactique que dans le jugement rendu par le tribunal de commerce de Bordeaux le 23 septembre 1993 dans la désormais célèbre affaire "Heidberg[48]", laquelle a fait couler beaucoup d'encre en France.

On comprend aussi que la faute inexcusable n'est pas "***cette étoile au firmament du droit des transports, certes bien visible et scintillante, mais pratiquement impossible à atteindre***"[49].

---

[47] Voir aussi, admettant la faute inexcusable, sous l'empire des Règles de Hambourg (art. 8 § 1er) et du Code communautaire de la marine marchande de 2001 (art. 414) : TGI Douala, jugement civil n° 457, 5 juin 2009, navire "Kwanza", ICC contre armement Grandi Traghetti Gilnavi Societa Di Navigazione s.r., Saga Cameroun S.A., SDV Cameroun S.A., Grouapa (inédit), qui tranche que "***les intervenants dans le mouvement des marchandises soustraites ont commis une faute ayant consisté à abandonner, pendant longtemps sans surveillance, les biens du cocontractant de l'armateur dans des conteneurs « open top » particulièrement prisés des malfrats dans un port comme celui de Douala où de telles marchandises sont fréquemment en proie à des vols et pillages ; de toute évidence, cela constitue une attitude téméraire des défendeurs qui, en leur qualité de professionnels avertis, ne pouvaient ignorer la probabilité de la réalisation du risque dans pareilles conditions ; ce laxisme … donne à la faute un caractère inexcusable ouvrant droit à réparation intégrale des torts*** ".

[48] Voir DMF 1993, obs. A. Vialard et note T. Clemens-Jones, et le résumé du prof. P. Bonassies in DMF 1994, 23.

[49] A. Deban, Transport routier de marchandises et faute inexcusable, http://www.village-justice.com/articles/transport-routier marchandises.18608.html

Par ailleurs, le tribunal ne se borne pas à invoquer l'article 102 du Code communautaire de la marine marchande. Il fonde également sa décision sur la Convention de Londres du 19 novembre 1976 sur la limitation de responsabilité en matière de créances maritimes – dite "LLMC 1976". Pourtant, il coule de source que le Cameroun n'est pas partie à cette convention et que le Code renvoie à celle-ci uniquement que pour ce qui est des plafonds de la dette de réparation en matière de créances maritimes.

2- La compétence territoriale dans le transport maritime de marchandises

30. La problématique de la compétence territoriale dans le transport maritime de marchandises – récurrente devant le juge camerounais - est réglée par l'article 567 du Code communautaire de la marine marchande, texte qui prévoit, au profit du demandeur, un forum shopping voisin de celui qui se dégage des Règles de Hambourg, alors même que le Code de 2012 est arrimé, dans son ossature, sur les Règles de Rotterdam. En effet, du fait de leur contenu quelque peu abstrus[50], les dispositions des Règles de Rotterdam sur la compétence juridictionnelle n'ont pas reçu la grâce du législateur communautaire qui s'est davantage inspiré des prévisions des Règles de Hambourg en y apportant quelques retouches afin d'intégrer la dimension multimo-

[50] Du même avis : Ph. Delebecque, Le projet de la CNUDCI sur le transport de marchandises effectué entièrement ou partiellement par mer : derniers pas vers une adoption, in DMF 2007, p. 78, n° 20 ; Ph. Delebecque, Règles de Rotterdam, Règles de La Haye/Visby, Règles de Hambourg : forces et faiblesses respectives, in Annales IMTM 2010, p. 76, n° 11 ; P. Bonassies, Règles de Rotterdam, in DMF, H.S. 14, n° 1.

dale du transport, lequel est désormais un transport maritime plus, un transport multimodal transmaritime[51].

31. Parmi les juridictions potentiellement compétentes prévues par l'article 567 précité, figure sans conteste le tribunal du port de chargement ou du port de déchargement (litt. d). Mais contre toute attente, dans son jugement n° 175 du 13 mai 2014[52] rendu dans l'affaire "Sky Star" à propos du transport maritime d'une cargaison de riz depuis le port de Yangon en République de l'Union du Myanmar à destination du port de Douala, la chambre commerciale du tribunal de grande instance du Wouri a accédé, sans trop barguigner, au déclinatoire de compétence soulevé par le transporteur maritime KAYIA TRADE & INVEST Ltd à la faveur d'une clause compromissoire figurant au connaissement, lequel non seulement prévoit une clause "paramount" désignant la Convention de Bruxelles de 1924 comme loi applicable - alors que le Cameroun n'y est pas partie, mais renvoie également à une charte-partie - de type "Congenbill" - donnant compétence au tribunal arbitral de Londres en cas de litige. Le tribunal motive sa décision par le principe de la force obligatoire des conventions prévue par l'article 1134 du Code civil, au mépris des dispositions topiques de l'article 21 des Règles de Hambourg et de l'article 567 du Code communautaire de la marine marchande. Pour le tribunal, "***en prévoyant dans la convention que tout différend qui naîtrait de l'interprétation ou de l'exécution de la présente convention sera de la compétence exclusive du tribunal arbitral,***

[51] Sur la question, voir notre étude intitulée "Les « Règles de Rotterdam » 2008 : Le point de vue d'un Avocat maritimiste africain", in DMF 1994, pp. 151 et ss. (1ère partie) et pp. 261 et ss., n° 23 et 24.
[52] Aff. Socia Sarl contre capitaine du navire "Sky Star", KAYIA TRADE & INVEST Ltd, GETMA Cameroun S.A. et Etat du Cameroun (inédit).

les parties ont entendu expressément soustraire leur litige à la procédure étatique ; il èchet donc de se déclarer incompétent ratione materae…"

32. Ce jugement hétérodoxe n'a pas échappé aux rouleaux compresseurs de la Cour d'appel, laquelle, par arrêt n°005/COM du 19 février 2016[53], aux allures imprécatoires, a infirmé le jugement entrepris, déclaré le tribunal de grande instance du Wouri compétent, et renvoyé la cause et les parties devant ledit tribunal pour y être jugées au fond sur les mérites de l'action intentée par SOCIA, réceptionnaire de la cargaison litigieuse.

Chacun le perçoit : dans l'ensemble, le nouveau Code a reçu, sans véritable heurt, l'onction roborative des juridictions camerounaises. Il reste cependant que cette relative bienveillance n'est pas toujours la chose la mieux partagée, des cas marginaux de résistance ayant été quelques fois enregistrés.

II- DES CAS MARGINAUX DE RESISTANCE DES JUGES AVEC LA SPONTANEITE GENERALEMENT OBSERVEE

33. Certaines décisions méconnaissent, littéralement et sans état d'âme, des textes du Code, soit par refus d'application (**A**), soit par une application rétroactive et donc impertinente (**B**).

A- La violation du Code par refus d'application

Bien souvent, le refus d'application est délibéré, le juge opposant une résistance consciente au nouveau Code. Mais, nous avons pu relever aussi une hypothèse où

---

[53] Aff. Socia Sarl contre Kayia Trade & Invest Ltd et autres (inédit).

l'inapplication du Code récent procède d'un simple déficit d'information de la part du juge, qui ignore qu'un nouvel instrument communautaire est en vigueur, cette méprise étant renforcée par le fait le juge a relevé d'office un moyen sans donner aux parties à l'instance la possibilité de s'en expliquer.

1- Refus d'application délibéré

Pour rendre compte de cette réalité peu méritoire, il sera fait référence à des décisions rendues en matière de :

- responsabilité de l'entrepreneur de manutention ;
- compétence territoriale dans le domaine de transport maritime ; et
- action en obtention d'un titre exécutoire à la suite d'une saisie conservatoire de navire.

a) En matière de responsabilité de l'entrepreneur de manutention

34. On peut mentionner ici deux décisions rendues par le tribunal de grande instance du Wouri à Douala, en application du Code communautaire de 2001, cependant que les litiges dont cas sont, sans nul doute, justiciables du Code de 2012.

Dans la première espèce[54], à l'issue d'un transport maritime au départ du port de Bremen en Allemagne et à destination du port de Douala, le conteneur renfermant les marchandises a été pillé alors qu'il se trouvait sous la garde de Douala International Terminal (DIT S.A.), entrepreneur de manutention monopolistique pour tout ce qui concerne le

[54] Il s'agit du jugement n° 477/COM, 24 oct. 2016, Ets Saitout Cameroun contre Maersk Cameroun S.A., navire "Maersk Laticia" (inédit).

trafic conteneur au port de Douala, en vertu de l'article 6 de la Convention de concession n°389/PAD/2004 conclu entre le Port Autonome de Douala (PAD), en sa qualité d'autorité concédante, et DIT S.A., en sa qualité de concessionnaire[55].

35. A la suite de quoi, le destinataire des marchandises, Ets Saitout Cameroun, a assigné Maersk Cameroun S.A., prétendument en sa qualité de transporteur maritime qui, à son tour, a assigné en intervention forcée le Port Autonome de Douala et la société DIT S.A., notamment en faisant valoir que, le conteneur ayant été débarqué au port de Douala avec son plomb d'origine et le vol déploré s'étant produit sur le terminal à conteneurs au moment où le parallélépipède litigieux se trouvait sous les garde et responsabilité de DIT S.A., opérateur exclusif de ce site, seule la responsabilité de cette entité se trouvait engagée.

Pour sa part, se prévalant du contrat de gardiennage conclu avec la société la société G4S Security Services Cameroon S.A., DIT S.A. a appelé en garantie ladite société au motif que la responsabilité exclusive et intégrale des pillages et vols décriés incombe à ladite société.

36. Contre toute attente, alors même que Maersk Cameroun a invoqué fort à propos les prévisions de l'article 545

---

[55] L'article 6 § 1er de cette convention – intitulé "*Activités concédées à titre exclusif*" - stipule que : "*Les activités concédées à titre exclusif, dans les limites du domaine public portuaire concédé, sont :*
- déchargement/chargement des navires non-rouliers ;
- toutes les opérations de transfert des conteneurs et des marchandises de la bande bord à quai à la zone d'entreposage et vice-versa ;
- toutes les manutentions sur le parc ;
- (...) ;
- toutes les opérations de dépotage/empotage de la marchandise ;
- l'entreposage et le gardiennage de la marchandise".

du Code communautaire de la marine marchande de 2012 pour se défausser de sa responsabilité de transporteur maritime, laquelle avait naturellement cessé par la remise du conteneur litigieux à DIT S.A. après débarquement, par jugement n° 477/COM rendu le 24 octobre 2016[56], le tribunal n'est pas moins entré en voie de condamnation contre Maersk Cameroun qu'il a affublé, au passage, de la double casquette de transporteur maritime et d'entrepreneur de manutention, toute chose manifestement inexacte dès lors que le transporteur maritime est la société suédoise AP Moller, Maersk Cameroun S.A. étant simple agent local de ce dernier.

Au surplus, alors que Maersk Cameroun S.A. invoquait à juste raison les prévisions de l'article 545 du Code communautaire de 2012, c'est au final sur le fondement des articles 446 et suivants du Code de 2001, textes éculés qui définissent le régime de responsabilité de l'entrepreneur de manutention, que Maersk est condamnée solidairement avec DIT S.A. et la société G4S Security Services Cameroon.

37. En l'occurrence, il y a un refus manifeste de la part du tribunal d'appliquer le nouveau Code de 2012, alors même que les conditions en sont réunies, s'agissant d'un transport effectué sous la bannière d'un connaissement émis le 20 octobre 2012 et des opérations d'acconages effectuées courant mars 2013, soit postérieurement à l'entrée en vigueur dudit Code.

En tous les cas, il y a méconnaissance certaine des prévisions de l'article 4 § 2 litt. b) iii) et 5 § 1er des Règles de

---

[56] Affaire Ets Saitout Cameroun contre Maersk Cameroun S.A., PAD, DIT S.A. et G4S Security Services Cameroon S.A., navire "Maersk Laticia" (inédit).

Hambourg, et de celles de l'article 545 § 2 litt. b) du Code de 2012, textes qui font cesser la responsabilité du transporteur maritime par la remise de la marchandise à un entrepreneur de manutention monopolistique.

Au surplus, dans son jugement n° 281/COM rendu 6 juillet 2015, dans une affaire rigoureusement identique à celle qui vient d'être relatée ci-devant[57], le tribunal avait commis les mêmes errements.

Ces décisions se situent à contre-courant de la jurisprudence constante qui admet que la remise, à quai sous palan du navire, de la marchandise à un organisme disposant d'un monopole légal ou règlementaire pour effectuer les opérations de manutention et d'acconage emporte présomption de livraison conforme et donc cessation de responsabilité pour le transporteur maritime[58].

---

[57] Aff. sté Agora Sarl Logistics & Distribution contre Maersk Cameroun S.A., Direction Générale des Douanes et DIT S.A., inédit.

[58] En ce sens : Cass. com., 11 fév. 2004, in Bull. civ., IV, n° 24 ; Cass. com., 7 déc. 1999, deux arrêts, navires "Vasili Klochkov" et "Klim Voroshilov", in DMF 2000, obs. P. Bonassies et DMF H.S. n° 5, p. 67, n° 84 ; Paris, 5e ch., 9 fév. 2000, in DMF 2001, 392, en présence d'une clause sous palan ; Cass. com., 13 juin 1989, in DMF 1991, 228, pour une livraison faite au wharf de Nouakchott ; Aix-en-Provence, 28 nov. 2013, in BTL 2013, 733, pour une livraison faite à la société Marsa Maroc à Casablanca ; Aix-en-Provence, 5 juin 2014, in DMF 2014, 391 et DMF 2015, H.S. n° 19, p. 76, n° 96, rappelant qu'il faut, pour cesse la responsabilité du transporteur, qu'il y ait véritablement prise en charge par le manutentionnaire, laquelle suppose une appréhension physique de la marchandise ; Versailles, 6 mai 2014, in BTL 2014, 327 ; Rouen, ch. civ. et com., 21 mai 2015, in DMF 2016, 432, pour une livraison faite à la société EPC au port de Cabinda en Angola, avec les obs. approbatives de C. Human ; DMF 2017, H.S. n° 21, p. 77, n° 98, qui retient que le transporteur ne peut s'exonérer de sa responsabilité et se prévaloir de la remise de la cargaison sans présentation du connaissement original à une entité monopolistique en raison d'une règlementation douanière impérative,

b) En matière de compétence territoriale dans le transport maritime de marchandises

38. Nous avons fait état ci-devant de l'arrêt n° 005/COM rendu le 19 février 2016 dans l'affaire "Sky Star", arrêt par lequel la Cour d'appel de Douala censure le jugement n°175 du 13 mai 2014 à travers lequel le tribunal de grande instance de la même localité s'était déclaré incompétent à la faveur de l'article 1134 du Code civil.

Dans son arrêt n° 183/C rendu le 16 octobre 2015 dans l'affaire "Discovery" et "MSC Chiara"[59], cette même juridiction avait adopté une posture différente, manifestement empreinte de critique, puisqu'elle avait infirmé le jugement civil n° 115 du 18 avril 2013 par lequel le tribunal de grande instance de Douala avait retenu sa compétence dans le cadre d'un litige ayant origines d'un contrat de transport de marchandises importées du Pakistan à destination du port de Douala. Elle s'était alors fondée sur les prévisions de l'article 1134 du Code civil - sur la force obligatoire des contrats - pour récuser l'application de l'article 21 § 1er des Règles de Hambourg et de l'article 565 du Code communautaire de la marine marchande de 2012, qu'invoquait subsidiairement le réceptionnaire de la cargaison litigieuse, et qui énonce, à l'instar de l'article 21 § 1er susdit, que :

"***Toutes les actions nées du contrat de transport maritime, en vertu du présent chapitre, sont portées devant les juridictions compétentes selon les règles du droit com-***

puisque rien ne l'empêchait d'exiger, avant le retirement, la présentation de l'original du connaissement.

[59] Aff. Mediteranean Shipping S.A., capitaine commandant du m/v "Discovery" et capitaine commandant du "MSC Chiara" contre sté OLAM CAM (inédit).

mun. Elles peuvent en outre être portées, au choix du demandeur, devant le tribunal dans le ressort duquel se trouve l'un des lieux ci-après, lorsque ce lieu est situé dans un Etat de la CEMAC :

- *a) **le domicile du transporteur ;***
- *b) **le lieu de réception convenu dans le contrat de transport ;***
- *c) **le lieu de livraison convenu dans le contrat de transport ; ou***
- *d) **le port où les marchandises sont initialement chargées sur un navire ou le port où elles sont finalement déchargées d'un navire ; ou***
- *e) **tout autre lieu désigné à cette fin dans le contrat de transport***".

39. Pour la Cour d'appel du Littoral, "***il est constant qu'en matière de transport maritime, le connaissement constitue le contrat de transport, c'est-à-dire la loi des parties ; en l'espèce, il résulte des pièces du dossier de procédure que c'est le connaissement (ou Bill of Lading n° MSCUJE7712015) qui matérialise le lien juridique entre le transporteur de conteneurs, la société Mediteranean Shipping Company S.A., et la société Olam Cam Sarl (le destinataire) ; aux termes de l'article 10.3 des stipulations dudit contrat*** (entendons contrat de transport), ***les parties contractantes donnent compétence exclusive à la «High Court of London» qui devra appliquer le droit anglais pour le règlement de tout litige découlant de son exécution ; les conventions légalement formées tenant lieu de loi à ceux qui les ont faites, c'est en violation des dispositions de l'article 1134 du Code civil et d'une jurisprudence constante de la Cour suprême (CS arrêt n° 225/CC du 30 mai 1961 ; CS arrêt n° 143 du 28 fév. 1961 et CS arrêt n° 107/CC du 2 mai 1967) que les premiers juges ont retenu leur compé-***

tence territoriale ; il èche donc d'annuler le jugement entrepris afin d'évoquer et de statuer à nouveau en déclarant le tribunal de grande instance incompétent ratione loci à statuer en la cause en renvoyant les parties à mieux se pouvoir ainsi qu'elles aviseront".

40. Cette décision apparaît juridiquement insoutenable. Car, elle fait assurément bon marché de l'article 21 des Règles de Hambourg et, par suite, de l'article 567 du Code communautaire de la marine marchande, textes qui laissent toute latitude au destinataire de la cargaison de s'adresser à son juge naturel, le tribunal du port de déchargement. D'autre part, l'aphorisme juridique "***specialia generalibus derogant*** "[60] s'oppose strictement à ce qu'un juge puisse se fonder sur un texte de portée générale pour évincer un texte spécial. Aussi bien, la Cour d'appel du Littoral s'est-elle ravisée puisque, quelques mois plus tard, et notamment dans l'affaire "Sky Star", elle a fini par entendre raison, notamment en prenant le contrepied de l'arrêt décrié, ainsi qu'il a été relevé ci-devant.

c) Action en obtention d'un titre exécutoire à la suite d'une saisie conservatoire de navire

41. Dans son jugement n° 284/COM du 15 juin 2017 rendu dans l'affaire "Apisara Naree"[61], le tribunal de grande instance du Wouri à Douala refuse, de propos délibéré, de faire application des textes sur la saisie conservatoire des navires et sur les privilèges maritimes, dans le cadre de l'action en obtention d'un titre exécutoire faisant suite à la saisie conservatoire du navire susnommé. En l'espèce, le créancier saisissant, fournisseur de soutes, avait dirigé son

[60] La loi spéciale déroge à la loi générale.

[61] Aff. SwissEnergy Trading & Supply Co S.A. contre Precious Lagoons (inédit).

action au fond contre l'armateur, en l'état du privilège dont était assortie sa créance, l'affréteur qui avait commandé lesdites soutes ayant disparu corps et biens, dans l'intervalle, à la suite d'une procédure collective. En réaction à la demande du créancier, l'armateur faisait valoir que la créance cause de la saisie était infondée à son égard, du moment que les soutes litigieuses avaient été commandées par l'affréteur. Il invoquait, à cet effet, les prévisions de l'article 496 du Code communautaire de la marine marchande, texte qui met les frais inhérents à l'exploitation commerciale du navire à la charge de l'affréteur, notamment les soutes dont il doit pourvoir le navire. Et, sur la base de cette considération, il sollicitait reconventionnellement la mainlevée de la saisie - sur le fondement de l'article 155 § 2[62] - et son corollaire naturel, la restitution des causes de la saisie consignées au greffe du tribunal sur la base de l'article 146 § 4[63].

42. Pour sa part, le fournisseur se prévalait de l'article 144 § 1er, texte qui permet de saisir le navire auquel la créance se rapporte, et les articles 75 litt. h) et 85 du Code qui respectivement attribuent un caractère privilégié à la créance de fourniture de soutes et rappelle le principal attribut du privilège, à savoir le droit de suite. En outre, il fondait ses

---

[62] L'article 155 prévoit que : "***Le juge saisi de l'instance au fond peut, en tout état de procédure, ordonner mainlevée de la saisie conservatoire du navire, ce même si l'ordonnance autorisant la saisie n'a pas été rétractée par le juge des référés, notamment s'il est avéré que la créance fondant la saisie est hypothéquée ou infondée***".

[63] L'article 146 § 4 dispose que : "***Toute personne qui a constitué une garantie en vertu des dispositions du paragraphe 1 du présent article peut, à tout moment, demander au tribunal de réduire, modifier ou annuler cette garantie, notamment si elle rapporte la preuve que celle-ci était manifestement excessive au regard du montant réel de la créance ou n'était pas appropriée, ou était injustifiée parce que la créance était inexistante en réalité***".

prétentions sur un arrêt de la 5e chambre civile de la Cour d'appel de Bordeaux rendu le 4 décembre 2013[64], arrêt qui avait jugé que la société titulaire d'une créance de fourniture de soutes privilégiée sur le navire saisi pouvait réclamer ladite créance non seulement à l'affréteur, mais également à l'armateur, en vertu de l'article 2.5 de la Convention internationale pour l'unification de certaines règles relatives aux privilèges et hypothèques maritimes, ensemble l'article L.5114-8 du Code des transports (textes dont l'article 75 § 1er litt. h) du Code CEMAC précité n'est guère qu'un simple clone).

43. Contre toute espérance, faisant totalement litière de l'argumentation basée sur le caractère privilégié de la créance du saisissant et se fondant sur l'article 496 du Code communautaire de la marine marchande, le tribunal a rejeté, comme non fondée, la demande du fournisseur sur l'observation que "***la dette de carburant dont le recouvrement est poursuivi incombe, non pas à la société PRECIOUS LAGOONS Ltd*** (fréteur-armateur)***, mais plutôt à la société COPENSHIP*** (affréteur)".

44. Dans le même temps, le tribunal n'a pas moins débouté l'armateur de ses demandes de mainlevée de saisie et de restitution de la garantie au motif que "***la société défenderesse, qui ne conteste pas l'existence de la créance, prétend simplement qu'elle n'en est pas débitrice ; l'existence de la créance étant certaine et le navire saisi étant effectivement celui auquel les soutes ont été fournies, la demande de mainlevée de la saisie et, par voie de conséquence, celle de recouvrement des sommes consignées formulées par la société PRECIOUS LAGOONS Ltd, ne sauraient recevoir un écho favorable***".

[64] Aff. sté Aria Inc. contre sté World fuel Services, rôle n° 12/07113 (inédit).

Voilà une décision bien singulière qui déboute les deux parties litigantes et qui, au final, ne profite à personne. Elle n'a ni rime, ni raison. Soit le tribunal prenait en considération la nature privilégiée de la créance de SWISSENERGY et condamnait l'armateur au paiement de ladite créance, soit il estimait que cette créance manquait de substrat et alors il donnait irrémédiablement mainlevée de la saisie, et ordonnait la restitution des fonds consignés en contrepartie de la libération du navire.

45. Dans l'opinion du soussigné, le tribunal aurait dû accéder à la demande du créancier pour au moins deux raisons : la circonstance que le navire saisi était le navire auquel la créance se rapporte et la nature privilégiée de la créance de fourniture de soutes. De fait, ainsi que le fait observer une doctrine autorisée, la créance privilégiée apparaît comme "***une véritable créance pesant sur le navire lui-même, créance de caractère réel et non personnel, et qui vient doubler la créance de caractère personnel*** (que celui qui a traité avec un armateur ou affréteur non-propriétaire du navire a envers ledit navire). ***Cette créance sur le navire exprime, ici encore, la responsabilité personnelle du navire, et n'est pas très différence de l'action in rem reconnue par certains droits étrangers aux titulaires de certaines créances maritimes***"[65]. Aussi bien, la jurisprudence est-elle en faveur de la condamnation du propriétaire de navire, pour dette de l'affréteur à temps, lorsque le navire a été redélivré alors que la créance est assortie d'un privilège[66].

---

[65] P. Bonassies et C. Scapel, Traité de droit maritime, 3e éd., LGDJ 2016, p. 473, n° 574.

[66] Voir : Cass. com., 15 fév. 1994, in DMF 1994, navire "Gasikara", obs. P. Bonassies ; Bordeaux, 5e ch. civ., 4 décembre 2013, op. cit. ; trib. com. Marseille, 5 avr. 2013, navire "Athena", in Rev. Scapel 2014, 285 ; en faveur avec cette interprétation, P. Bonassies et C. Scapel, op. cit., p. 478, n° 606 et la jurisprudence citée.

2- Refus d'application inconsciente

46. Un cas a retenu l'attention en matière de compétence d'attribution dans les actions en contestation de saisie conservatoire des navires.
Relativement à cette question, l'article 153 du Code communautaire de la marine marchande donne compétence exclusive au juge des référés pour connaître de toute action en rétractation de l'ordonnance et en mainlevée de saisie conservatoire de navire. En effet, ce texte dispose que :

"***Le propriétaire du navire saisi ou son représentant peut, dès la notification de la saisie faite au capitaine, se pourvoir devant le juge des référés en rétractation de l'ordonnance saisie…***"

47. De manière pour le moins surprenante, alors même qu'aucune des parties litigantes n'a plaidé l'incompétence du juge des référés, dans son arrêt n° 254/REF prononcé le 10 octobre 2016 à propos de l'affaire "Apisara Naree"[67], la Cour d'appel du Littoral à Douala, après avoir pourtant constaté que l'ordonnance de référé entreprise avait été rendue en matière de demande de mainlevée de saisie conservatoire de navire, n'a pas moins retenu que ce litige est plutôt justiciable du juge du contentieux de l'exécution, l'équivalent du JEX français, soit de la compétence du droit commun, en application de l'article 2 de la loi n° 2007/001 du 19 avril 2007 instituant le juge du contentieux de l'exécution au Cameroun. Ainsi, la Cour d'appel a cru pouvoir relever d'office, et en violation avérée du principe du contradictoire, l'incompétence du juge des référés sur l'observation certainement dévoyée que :

---

[67] Aff. sté Precious Lagoons Ltd contre SwissEnergy Trading and Supply Co S.A. (inédit).

"***Ce litige ressortit à la compétence du juge du contentieux de l'exécution ; en effet, la loi n° 2007/001 du 19 avril 2007 instituant le juge du contentieux de l'exécution au Cameroun des décisions judiciaires et actes publics étrangers, ainsi que des sentences arbitrales étrangères, dispose en son article 2 : « le juge du contentieux de l'exécution connaît de tout ce qui a trait à l'exécution forcée des décisions de justice et autres actes »***".

48. Ce faisant, la Cour d'appel fait allègrement peu de cas de la lettre lumineuse de l'article 153 du Code communautaire de la marine marchande, texte qui attribue expressément compétence au juge des référés dans les actions en contestation de la saisie conservatoire. Il y a bien, en la cause, une inapplication inconsciente, mais peu digne, du nouveau Code par la Cour d'appel qui ignore assurément que cet instrument prévoit une compétence spéciale et exclusive en cette matière. Du reste, saisi d'une requête aux fins de sursis à exécution afin de désamorcer les effets pervers de cette décision insolite, le Premier Président de la Cour suprême a accédé à cette requête en ordonnant la suspension de l'exécution provisoire de la décision entreprise dans l'expectative de l'arrêt qui sera rendu sur les mérites du pourvoi formé devant la Haute juridiction[68].

B- La violation du Code par une application rétroactive et, par suite, impertinente

49. Ainsi qu'il a été indiqué à l'exorde de cette étude, conformément à l'article 2 du Règlement n°08/12-UEAC-0088-CM-28 portant adoption du Code communautaire de la marine marchande, ce code est entré en vigueur à la date de son adoption, soit le 22 juillet 2012.

---

[68] Voir l'ordonnance n° 205 du 23 mars 2017 (inédit).

Partant, il ne régit que les situations juridiques nées postérieurement à cette date, toutes celles qui précèdent celle-ci étant régies par le code antérieur de 2001. Principe de la non-rétroactivité de la loi oblige. C'est, en effet, un principe général de droit commun universel, puisque reconnu par la quasi-totalité des législations du monde, que la loi n'a pas d'effet rétroactif. Ce principe s'évince nettement de l'article 2 du code civil, texte qui rappelle, de façon éclatante, que :

"***La loi ne dispose que pour l'avenir. Elle n'a pas d'effet rétroactif***".

En outre, ce principe est repris dans le préambule de la constitution du Cameroun en ces termes :

"***La loi ne peut avoir d'effet rétroactif. Nul ne peut être jugé et puni qu'en vertu d'une loi promulguée et publiée antérieurement aux faits punissables***".

Ce principe ne souffre dérogation que pour autant qu'il s'agisse de lois de compétence ou de lois procédure, lesquelles sont d'application immédiate[69].

[69] Dans son arrêt du 15 sept. 2005 (5e ch., Sect. B, navire "Feng", in DMF 2007, 232, nos obs.), la Cour d'appel de Paris a considéré que le Code communautaire de la marine marchande de 2001 n'était pas une loi de procédure immédiatement applicable aux litiges en cours au moment de son entrée en vigueur. Sur l'application immédiate des lois civiles de procédure et des lois de compétence, voir : Civ., 2e, 6 mars 1953, in D. 1953, 460, rappelant que les lois civiles de compétence sont applicables aux instances en cours, sauf si ces instances ont déjà fait l'objet d'une décision au fond ; Soc., 7 juin 1951, in D 1951, 509, rappelant le même principe d'effet immédiat pour les lois nouvelles de procédure.

50. C'est donc non sans surprise que, dans son jugement n°163/COM rendu le 28 avril 2014[70], la chambre commerciale du tribunal de grande instance du Wouri à Douala applique, à un litige survenu en 2009, soit près de trois ans avant l'entrée en vigueur du nouveau Code, les prévisions de l'article 552 § 1er dudit code ayant porté les plafonds de réparation du transporteur maritime à 875 DTS par colis ou autre unité de chargement et à 3 DTS par kilogramme de poids brut de marchandises objet de la réclamation ou du litige, limitations prévues par les Règles de Rotterdam, alors que le Code de 2001 (art. 414 al. 1er) s'en tenait aux limites d'indemnisation résultant des Règles de Hambourg, à savoir 835 DTS par colis et 2,5 DTS par kilo (art. 6, § 1er, litt. a).

Il y a de toute évidence, dans le chef du tribunal, une violation délibérée des textes précités (art. 414, al. 1er, Code 2001 ; art. 2, C. civ. et Préambule de la Constitution).

51. Qui pis est, ce jugement méconnaît, par ailleurs, les dispositions de l'article 513 du Code de 2012 qui déclarent ouvertement que le Code exclut son application pour les contrats de transport soumis à une convention internationale à laquelle l'Etat membre dont le juge est saisi du litige est contractant. Or, s'agissant en l'occurrence d'un transport maritime de marchandises au départ de Douala (Cameroun) et à destination de Pointe-Noire (Congo Brazzaville), ce transport était indéniablement justiciable des Règles de Hambourg en vigueur au Cameroun depuis le 1er novembre 1994. En effet, l'article 2 § 1er, litt. a) de cette convention internationale définit ainsi son champ d'application :

---

[70] Aff sté armement Delmas contre Les Laboratoires Biopharma S.A., navire "Pacific" (inédit).

"***Les dispositions de la présente Convention s'appliquent à tous les contrats de transport par mer entre deux Etats différents lorsque :***

- ***le port de chargement prévu dans le contrat de transport par mer est situé dans un Etat contractant***".

52. Il s'ensuit, par voie de corollaire, que le transport litigieux se trouvait indéniablement dans l'orbite des Règles de Hambourg et échappait à l'emprise du nouveau Code. Le jugement précité a été partiellement infirmé par la Cour d'appel du Littoral, laquelle, par arrêt n°089/COM du 21 octobre 2016 (inédit), a réduit le montant de la condamnation initiale à la valeur des marchandises perdues dans le naufrage (78 633 476 F CFA), alors que le tribunal avait alloué une réparation intégrale à hauteur de 155 828 456 F CFA, sans avoir caractérisé aucune faute intentionnelle ou inexcusable à l'encontre du transporteur DELMAS. Cet arrêt apparaît comme une sorte d'exutoire, de "***judicium rusticorum***", cette règle qui consiste à partager l'objet du litige en deux et dont Cleirac disait qu'elle relevait d'une équité de rustres[71]. Car, en l'absence de toute caractérisation d'une faute qualifiée à l'encontre de l'armateur français, la Cour d'appel aurait dû lui accorder le bénéfice de la limitation et ramener le montant de la réparation à 67 000 000 F CFA.

CONCLUSION

53. Comme toute œuvre humaine, le Code de 2012 est loin d'être une œuvre parfaite. Les cinq années d'application de cet instrument supranational ont permis de déceler

[71] Ph. Delebecque, Droit maritime, 13e éd. Dalloz, 2014, p. 681, n° 924 in fine.

quelques imperfections et scories qui, sans en altérer véritablement la qualité foncière, méritent néanmoins d'être corrigées. C'est ainsi par exemple qu'on a pu constater, en examinant l'affaire "Kai Tuo 9"[72], que la définition du navire n'est pas topique.

En effet, l'article 2 § 47 définit le navire comme "***tout bâtiment utilisé pour transporter les marchandises en mer***".

54. L'étroitesse de cette définition se passe de tout commentaire, dès lors qu'elle exclut formellement, de la qualification de navire, tout engin nautique ou bâtiment ne servant pas au transport de marchandises, à l'instar des navires de passagers ou de navires armés à des fins scientifiques, écologiques ou sportifs. Aussi bien, est-ce pour cette raison que, dans l'affaire "Kai tuo 9" susvisée, le tribunal de grande instance de Douala s'est passé volontiers de cette définition réductrice pour se fonder uniquement sur les critères retenus par la jurisprudence[73] et la doctrine[74], à savoir la navigation maritime et l'aptitude à affronter les dangers et périls de la mer. Pour le tribunal, "***il ressort de la jurisprudence qu'un navire est un engin***

---

[72] TGI Douala, jugement n° 646/Com, 1er oct. 2015, Etat du Cameroun s/c Ministre des Finances, Activa Assurances & Sogea saton c/ China Harbour Engeneering Company (CHEC) et CCCC Guangzhou Dredging Company Ltd, barge "Kai Tuo 9", inédit.

[73] Voir : Cass. req., 13 janv. 1919, S. 1919, 1, p. 340 ; Cass., 6 déc. 1976, navire "Poupin Sport", in DMF 1977, 513 ; Caen, 17 sept. 1991, navire "Zef", in DMF 1993, 50, note A. Tynaire et DMF 1993, 20, obs. P. Bonassies ; Rouen, 30 nov. 2000, in DMF 2001, 470, note C. Navarre-Laroche.

[74] Voir : A. Vialard, Droit maritime, éd. PUF 1997, p. 236, n° 274 ; S. Miribel, Qu'est-ce qu'un navire ? in "Mélanges en l'honneur de Christian Scapel", op. cit., p. 279 ; R. Rodière, Traité général de droit maritime : le navire, qui définit le navire comme "***un engin flottant de nature mobilière, affecté à une navigation qui l'expose habituellement aux risques de la mer***".

flottant apte à affronter les dangers de la mer et effectivement employé dans le cadre d'une navigation maritime. En l'espèce, ... il n'est pas contesté que cette barge ("Kai Tuo 9") ***soit destinée à draguer le chenal d'accès au port et est conduite dans la rade du port pour y être vidée des déblais de dragage. Il s'agit donc d'un engin de servitude qui n'est pas employé dans le cadre d'une navigation maritime et n'affronte pas les dangers de la mer, puisqu'il est seulement destiné à éliminer les déblais de dragage dans la rade du port. En conséquence, il ne peut recevoir la qualification de navire***".

55. Le navire étant au centre du droit maritime[75], dès lors que toutes les règles spécifiques de cette branche du droit[76] gravitent autour de cet engin[77], il est éminemment

---

[75] Il conditionne, par exemple, l'application du régime juridique de la saisie conservatoire de navire et de celui de la limitation de responsabilité en matière de créances maritimes, ces régimes juridiques n'étant pas applicables à des engins qui n'ont pas la qualification de navire. Il est, par ailleurs, "l'occasion de divers contrats maritimes, à l'exemple de l'affrètement..., du remorquage, portuaire ou hauturier, de la vente amiable ou sur saisie, de la construction par économie ou à forfait, de la consignation de la coque ou encore de l'hypothèque"

[76] Pour le prof. canadien William Tetley, "***le droit maritime n'est pas une branche du droit, mais une tranche de toutes les branches du droit***". Voir : "International conflict of laws, common, civil and maritime", p. 16, cité par J. Bonnaud, Le contrat de transport maritime de marchandises : quelques particularités, in DMF 2016, pp. 867 et ss., notamm. p. 868.

[77] Du même avis, J.L. Bergel, Le navire, bien meuble à coloration immobilière, in "Mélanges en l'honneur de Christian Scapel ", éd. PUAM 2013, p.77, pour qui le navire est le "***pivot sur lequel repose tout le droit maritime, qui en détermine le domaine et autour duquel s'organisent toutes les règles spécifiques de cette matière...***" ; voir aussi : P. Bonassies, Cours de droit maritime, Aix-en-Provence, n° 122, cité par Ph. Delebecque, "Le particularisme des contrats maritimes", in "Mélanges offerts à Pierre Bonassies", pp. 127 et ss., notamm. p. 133, n° 7. Pour le prof. Bonassies, le navire c'est "***l'objet***

important de trouver une définition adéquate de cette notion. On pourrait alors définir le navire, ainsi que le suggère une certaine doctrine[78], comme "***un bâtiment utilisé comme moyen de transport flottant, pourvu de moyens de propulsion autonome, d'une coque apte à effectuer une navigation maritime et à affronter les périls de la mer***"[79].

56. Par ailleurs, le régime de la limitation de responsabilité en matière de créances maritimes est manifestement entaché de quelques coquilles typographiques qui n'en facilitent pas l'intelligibilité et l'application. A titre exemplatif, au paragraphe 3 de l'article 103, il est mentionné que : "***il n'est pas en droit de limiter sa responsabilité…***". Le pronom personnel "il" est mis pour "***toute personne visée à l'article 102***". Dès lors, il convient d'écrire : "***elle n'est pas en droit de limiter sa responsabilité…***". Pareillement, l'article 111 vise "***l'une des créances indiquées aux articles 103, 104 et 106***". Il s'agit manifestement d'une erreur. Car, l'article 106 ne vise aucune créance spécifique, se bornant simplement à indiquer les plafonds de la dette de réparation du propriétaire de navire. Dans ces conditions, dans l'article 111, l'article 106 devra être remplacé par l'article 105. De même, l'article 106 parle uniquement des limites de la responsabilité du propriétaire du navire. Pourtant, en vertu de l'article 102, ces limites s'appliquent également à l'assistant. Par ailleurs, au titre de la procé-

---

central du droit maritime, l'élément autour duquel s'organisent les règles de ce droit".

[78] S. Miribel, Qu'est-ce qu'un navire ? in "Mélanges en l'honneur de Christian Scapel", op. cit., p. 279.

[79] Voir aussi : J. Bonnaud, Le contrat de transport maritime de marchandises : quelques particularités, op. cit., p. 869, qui préfère la définition suivante, "*élaborée par la doctrine à partir de la jurisprudence*" : "***Engin flottant qui, avec un armement et un équipage qui lui sont propres, est capable d'affronter les périls de la mer où il navigue habituellement***".

dure de constitution du fonds de limitation, l'article 127 fait un renvoi à l'article 120. Là aussi, l'erreur est évidente, puisque c'est l'article 121 qui est concerné par ce renvoi. Pour ce qui est à présent de la répartition du fonds et des voies de recours pouvant être exercés, l'article 141 se lit de la manière suivante : "***les ordonnances du juge commissaire prises en application des articles 131 et 139 ci-dessus peuvent être frappés d'opposition dans le délai prévu à l'article 133 précité…***". Cette rédaction est incorrecte. Le terme "**juge commissaire**" devra être remplacé par celui plus adéquat de "**Président du tribunal**", par cela seul que le juge commissaire n'intervient pas dans le domaine de la limitation de responsabilité en matière de créances maritimes en Afrique centrale. Dans le prolongement, l'article 131 devra être remplacé par l'article 132 et l'article 133 par l'article 134. Enfin, à l'article 143 § 2, il est précisé que, "***à l'issue du paiement, le séquestre dresse un rapport. Le Président du tribunal dresse une ordonnance de clôture…***". Le Président du tribunal ne dresse pas une ordonnance. Il rend une ordonnance. Ce texte devra être retouché en conséquence.

57. Ces quelques inadvertances donnent à penser qu'il faut, d'ores et déjà, envisager d'envoyer à nouveau notre Code au bassin de radoub communautaire afin de le dépoussiérer de toutes les imperfections relevées. Le législateur de la CEMAC est donc à nouveau interpellé. Il faut lui souhaiter bon vent !

REPRESSION DE LA CRIMINALITE MARITIME DANS LE GOLFE DE GUINEE : PLUSIEURS DROITS DE POURSUITE EN VIGUEUR

par Serge Cyrille ATONFACK
Capitaine de Frégate
Conseiller technique du Ministre de la Défense
de la République du Cameroun

La gestion mondiale des espaces et des activités maritimes est essentiellement portée par la Convention des Nations Unies sur le Droit de la Mer de 1982 (CNUDM), laquelle érige le principe de la Loi du Pavillon en expression de la souveraineté des Etats sur le plan d'eau.

Les atteintes relevées dans les espaces maritimes du Golfe de Guinée sont de plusieurs ordres : déversements de déchets toxiques en mer ; rejets d'hydrocarbures (volontaire ou accidentel) ; trafic et siphonnage du pétrole brut en mer ; trafic d'armes, de drogues et des êtres humains ; piraterie et les vols à main armée ; terrorisme maritime ; trafic de stupéfiants ; pêche illicite non déclarée et non réglementée ; contrebande et trafics marchands divers et immigration clandestine.

Sur le plan d'eau, en effet, les navires et équipages pirates ou se livrant à des activités illégales sont mobiles, parfois très rapides, camouflés souvent en bateaux de pêche et prompts à prendre le large dès qu'ils se sentent recherchés ou suivis. Se pose alors la problématique de la poursuite, de l'arraisonnement et de la capture, relativement à laquelle nous allons observer quelques différences et innovations, selon que l'on étudie le droit de poursuite sous l'angle de la Convention de Montego Bay, sous le prisme des accords internes à la CEEAC, ou alors tel que exceptionnellement conçu et réglementé par le Nigéria et le Bénin dans le cadre spécifique de l'‘‘OPERATION PROSPERITE''.

Il conviendra ensuite de nous appesantir sur les enjeux du processus de sécurisation collective du plan d'eau du Golfe de Guinée, cadre spatio-temporel par essence qui justifie notre présence ce jour dans la belle cité portuaire de Pointe-Noire en République du Congo.

I- CONVENTION DES NATIONS-UNIES SUR LE DROIT DE LA MER ET CODE DE CONDUITE DE YAOUNDE : DES DROITS DE POURSUITE RESTRICTIFS ET TRES ENCADRES

1.1. Le droit général de poursuite issu de la convention de Montego Bay

Le Droit de poursuite, encore appelé ‘‘poursuite chaude'' ou ‘‘hot pursuit'' est une exception coutumière à la Loi du Pavillon qui s'applique si une infraction a été commise aux lois et règlements de l'Etat riverain par un navire privé d'un Etat tiers. Les conditions du droit de poursuite sont expressément énoncées à l'article 111 de la CMB. La poursuite d'un navire étranger peut être engagée si les autorités compétentes de l'État côtier ont de sérieuses raisons de penser que ce navire a contrevenu aux lois et règlements de cet État. Cette poursuite doit commencer lorsque le navire étranger ou une de ses embarcations se trouve dans les eaux intérieures, dans les eaux archipélagiques, dans la mer territoriale ou dans la zone contiguë de l'État poursuivant, et ne peut être continuée au-delà des limites de la mer territoriale ou de la zone contiguë qu'à la condition de ne pas avoir été interrompue.

Il n'est pas nécessaire que le navire qui ordonne de stopper au navire étranger naviguant dans la mer territoriale ou dans la zone contiguë s'y trouve également au moment de la réception de l'ordre par le navire visé. Si le navire étranger se trouve dans la zone contiguë, définie à l'article 33 de la CMB, la poursuite ne peut être engagée que s'il a violé des droits que l'institution de cette zone a pour objet de protéger. Le droit de poursuite s'applique aux infractions, aux lois et règlements de l'État côtier en vigueur, conformément à la CMB, à la zone économique exclusive ou au plateau continental, si ces infractions ont été commises dans ces zones. Le droit de poursuite cesse dès que le navire poursuivi entre dans la mer territoriale de l'État dont il relève ou d'un autre État.

La poursuite n'est considérée comme commencée que si le navire poursuivant s'est assuré, par tous les moyens utilisables dont il dispose, que le navire poursuivi ou l'une de ses embarcations ou d'autres embarcations fonctionnant en équipe et utilisant le navire poursuivi comme navire gigogne se trouvent à l'intérieur des limites de la mer territoriale ou, le cas échéant, dans la zone contiguë, dans la zone économique exclusive ou au-dessus du plateau continental. La poursuite ne peut commencer qu'après l'émission d'un signal de stopper, visuel ou sonore, donné à une distance permettant au navire visé de le percevoir. Le droit de poursuite ne peut être exercé que par des navires de guerre ou des aéronefs militaires ou d'autres navires ou aéronefs qui portent des marques extérieures indiquant clairement qu'ils sont affectés à un service public et qu'ils sont autorisés à cet effet.

1.2. Le droit de poursuite issu du Code de conduite de Yaoundé

Face à la recrudescence des actes de piraterie maritime dans le golfe d'Aden, les pays riverains ont adopté un instrument fédérateur encadrant et encourageant la lutte contre la piraterie maritime au large de leurs eaux. Il s'agit du Code de conduite concernant la répression des actes de piraterie et des vols à main armée à l'encontre des navires dans l'Océan Indien occidental et le Golfe d'Aden, communément appelé *''Code de conduite de Djibouti''* (adopté le 29 janvier 2009 à Djibouti et amendé début 2017 à Djeddah en Arabie Saoudite).

Dans ce cadre spécifique, chaque participant entend coopérer dans toute la mesure du possible pour arrêter les personnes qui ont commis des actes de piraterie ou que l'on soupçonne sérieusement d'en avoir commis, mener des enquêtes à leur sujet et les traduire en justice, saisir les navires et/ou aéronefs pirates et les biens qui se trouvent à leur bord, et secourir les navires, les personnes et les biens qui font l'objet d'actes de piraterie (art 4.3). Tout participant peut saisir un navire pirate au-delà de la limite extérieure de la mer territoriale d'un État et appréhender les personnes et saisir les biens se trouvant à bord (art 4.4).

Ici, toute poursuite d'un navire, lorsqu'il y a de sérieuses raisons de soupçonner que ce navire commet un acte de piraterie, qui est menée dans la mer territoriale d'un participant ou qui s'étend au-delà de celle-ci, est soumise à l'autorité dudit participant. Aucun participant ne devrait poursuivre un tel navire dans le territoire ou la mer territoriale d'un État côtier, ou au-delà du territoire ou de la mer territoriale de cet État, sans y avoir été autorisé par cet État (art 4, point 5). Conformément au droit international, les tribunaux du participant qui a opéré la saisie conformément au paragraphe 4 peuvent se prononcer sur les peines à infliger, ainsi que sur les mesures à prendre en ce qui concerne le navire ou les biens, réserve faite des tiers de bonne foi (art 4.6).

LE CODE DE CONDUITE DE YAOUNDE ne déroge par au canal tracé par celui de Djibouti. Véritable première esquisse d'une solution collective à l'insécurité maritime dans le golfe de Guinée, il dispose spécifiquement en son Article 6 relatif aux mesures de répression de la piraterie, que chaque signataire devra coopérer dans toute la mesure du possible pour arrêter les personnes qui ont commis des actes de piraterie ou que l'on soupçonne raisonnablement d'en avoir commis, mener des enquêtes à leur sujet et les traduire en justice (art 6.1-a) ; saisir les navires et/ou aéronefs pirates et les biens qui se trouvent à leur bord (art 6.1-b) ;secourir les navires, les personnes et les biens qui font l'objet d'actes de piraterie (art 6.1-b) .

En outre, le Code de Conduite de Yaoundé fonde tout Etat signataire à arraisonner et saisir un navire pirate au-delà de la limite extérieure de la mer territoriale d'un État Partie, et appréhender les personnes et saisir les biens se trouvant à bord (art 6.2).

De même, et il convient de bien le relever, le Code de Conduite de Yaoundé dispose que ***"Toute poursuite d'un navire, lorsqu'il y a de sérieuses raisons de soupçonner que ce navire commet un acte de piraterie, qui est menée dans la mer territoriale d'un Signataire ou qui s'étend au-delà de celle-ci est soumise à l'autorité dudit Signa-***

***taire. Aucun Signataire ne devrait poursuivre un tel navire dans le territoire ou la mer territoriale d'un État côtier ou au-delà du territoire ou de la mer territoriale de cet État ou des archipels, sans y avoir été autorisé par cet Etat''* (art 6.3).**

Enfin, et dans le registre des mesures communes, les Signataires entendent encourager les États, les propriétaires de navires et les exploitants de navires, selon qu'il est approprié, à prendre des mesures de protection contre les pirates, compte tenu des conventions internationales, codes, normes et pratiques recommandées et en particulier des recommandations adoptées par l'Organisation Maritime Internationale.

II- LES ACCORDS INTRA CEEAC ET L'OPERATION SPECIALE « PROSPERITE » BENIN-NIGERIA : DES DROITS DE POURSUITE NOVATEURS, OUVERTS, LIBRES ET ENTIERS

1.1. Protocole d'accord et accord technique CEEAC

Face au besoin de sécuriser la route maritime stratégique du Golfe de Guinée ainsi que les ressources vivantes (naturelles) et minérales qui y sont abondantes, les Etats riverains et membres de la CEEAC (Angola, Cameroun, Congo, Gabon, Guinée équatoriale, République démocratique du Congo, Sao Tomé et Principe) ont élaboré un cadre réglementaire général prenant en compte aussi bien les insuffisances du dispositif de poursuite tel que prévu par la CMB que la nécessité de se donner les moyens, tous les moyens de réussir.

C'est ainsi que le Protocole d'accord sur la stratégie de sécurisation des intérêts vitaux en mer articulé autour du COPAX (Conseil de Paix et de Sécurité de l'Afrique centrale) et favorisant une synergie avec la commission du golfe de Guinée et la Communauté Economique des Etats de l'Afrique Centrale (adopté à Kinshasa le 24 octobre 2009) dispose en son article 6, paragraphe 6 que *« les Etats Parties s'engagent à s'autoriser réciproquement la libre utilisation de leurs espaces aéromaritimes dans le cadre du droit de poursuite et conformément aux différents textes le prévoyant »*. L'Accord technique entre la CEEAC et les Etats du Cameroun, du Gabon, de la Guinée-Equatoriale et de Sao Tome et Principe sur la mise en place d'un plan de surveillance pour la sécurisation maritime du golfe de Guinée, ''zone D'' (adopté à Yaoundé le 6 mai 2009) ne s'en éloigne guère, lorsqu'il reprend *in extenso* cette disposition en son article 6, paragraphe 4.

En s'accordant un libre accès dans les espaces aéromaritimes qu'ils contrôlent souverainement, les Etats membres de la Communauté économique des Etats de l'Afrique Centrale sont allés bien plus loin que ce que prévoit le dispositif de l'Article 111 de la CMB. Ils ont aussi fait mieux que les dispositions pertinentes du Conseil de sécurité en matière de lutte contre la Piraterie maritime au large de la Somalie, et mieux encore que celles contenues dans le Code de Conduite de Djibouti.

Force est de constater que l'Accord technique et le Protocole d'Accord signés dans cette partie du monde (CEEAC – golfe de Guinée) pour faire face à la piraterie maritime comportent des dispositifs qui ont facilité un rapprochement des marines des Etats membres, générant une intégration navale sous régionale qui mérite de s'étendre à d'autres domaines des relations interétatiques dans lesquelles la coopération et la mutualisation restent indispensables : le trafic de drogue, la traite humaine et la criminalité transfrontalière organisée. De même, la corrélation est directe et indiscutable face au déplacement de l'axe central de la Piraterie maritime du Centre du Golfe de Guinée vers le Nord a obligé les Etats de la CEDEAO à se doter dès le 29 mars 2014 d'une stratégie intégrée de lutte, fortement inspirée de celle de la CEEAC, mais plus contemporaine et intégratrice de toutes les facettes directes ou induite de la lutte contre l'insécurité maritime.

1.2. Accord NIGERIA/BENIN ou Opération "*PROSPERITE*" : Une exception régionale

L'opération de lutte contre la piraterie en haute mer dénommée *''Prospérité''* est entrée dans sa phase active en septembre 2011, après plusieurs séminaires de planification entre les deux Pays. Mettant en œuvre des moyens aéronavals des deux marines, les patrouilles conjointes programmées dans les eaux communes se voulaient aussi un avertissement ferme aux pirates qu'il sera mené contre eux une guerre sans merci dans le cadre de la sécurisation de la façade maritime. En outre, les dirigeants des deux pays souhaitaient comme conséquence connexe à cette opération conjointe, interpeller la conscience collective et individuelle de tous, acteurs civils et militaires, opérateurs économiques et acteurs portuaires, face à l'impératif d'une riposte stratégique à développer devant la piraterie, menace nouvelle et quasi asymétrique pour les économies nationales.

Sans véritable document juridique comme socle porteur de cette nouvelle politique de lutte collective, l'opération *''Prospérité''* était simplement le résultat d'une volonté politique des deux Exécutifs du Nigéria et du Bénin, conscients de l'impératif d'une réponse collective à un fléau mouvant et imprévisible. L'opération ''Prospérité'' était prévue pour durer 06 mois et reconductible sur simple agrément des Parties.

L'intérêt de cette Opération relativement à l'objet de notre texte réside dans ce que la mutualisation de la gestion des espaces maritimes des deux Etats induisait de fait une communautarisation des outils navals, et partant, une liberté inédite de suite et de poursuite maritime.

La démonstration qui précède n'a de véritable sens et d'attrait que si elle est située et comprise dans le cadre global de la sécurisation maritime collective du Golfe de Guinée. Celle-ci est désormais validée au niveau de la communauté internationale par le vocable de PROCESSUS DE YAOUNDE.

III- ENJEUX IMMEDIATS DU PROCESSUS DE YAOUNDE

1.1. Du processus de YAOUNDE : Rappel historique

L'architecture sécuritaire maritime du golfe de Guinée décidée par les Chefs d'Etats et de Gouvernements de la CEEAC, de la CEDEAO et de la CGG en juin 2013 à Yaoundé prend progressivement corps, avec l'inauguration du Centre Interrégional de Coordination (CIC) depuis le 11 septembre 2014, suivie de celle du Centre Régional de Sécurité Maritime de l'Afrique Centrale (CRESMAC) à Pointe-Noire au Congo le 20 octobre de la même année. Le Centre Régional de Sécurité Maritime de l'Afrique de l'Ouest (CRESMAO) désormais fonctionnel a récemment été gratifié d'un accord de siège avec la République de Côte d'Ivoire, signé à Abidjan le 29 mars 2017.

Deux des cinq Centres Multinationaux de Coordination (CMC) de zone prévus sont déjà opérationnels et ont été d'une contribution déterminante pour la réussite de l'édition 2017 de l'Exercice OBANGAME EXPRESS, opéré du 23 au 31 mars 2017 sur l'espace maritime du Golfe de Guinée. Ils ont la lourde responsabilité de contribuer à l'amélioration de la coopération bi-régionale, la maîtrise du plan d'eau, la pratique du partage d'informations, la mise en œuvre efficiente des opérations tactiques d'interdiction et de gestion des actes illicites commis sur le plan d'eau.

Le golfe de Guinée est cependant riche de nombreuses ressources stratégiques aussi bien pour les Etats côtiers que pour les partenaires au développement, ce qui rend sa sécurisation vitale au regard d'une part de la stabilité économique des Etats riverains, et d'autre part de la sécurisation et de la garantie des approvisionnements pétroliers et gaziers de certaines grandes puissances.

1.2. Enjeux d'indépendance et de souveraineté

Les questions de sécurité nationale relèvent des compétences régaliennes de chaque Etat, pris comme entité constituée, fonctionnelle et indépendante. Les Etats côtiers ont donc de très lourdes responsabilités en Droit International, en ce sens qu'il leur incombe de garantir la liberté de navigation le long de leurs côtes, ainsi que celle de transit dans les espaces maritimes adjacents sous leur souveraineté, juridiction ou règlementation.

Lesdites compétences sont non cessibles et non aliénables, exception prise du cas d'un Etat en faillite, hypothèse déjà vécue où la communauté internationale pourrait, comme en Somalie, se substituer à l'Etat côtier pour sécuriser les espaces traditionnellement sous sa responsabilité. A titre de rappel, la Résolution 1816 adoptée par le Conseil de Sécurité des Nations-Unies à sa 5902ème séance, le 02 juin 2008, dispose que : *''le Conseil de Sécurité... (point 7) décide que, pour une période de six mois à compter de l'adoption de la présente résolution, les États qui coopèrent avec le Gouvernement fédéral de transition à la lutte contre la piraterie et les vols à main armée au large des côtes somaliennes ... sont autorisés (point 7-a) à entrer dans les eaux territoriales de la Somalie afin de réprimer les actes de piraterie et les vols à main armée en mer ... ; (7-b) à utiliser, dans les eaux territoriales de la Somalie... tous moyens nécessaires pour réprimer les actes de piraterie et les vols à main armée...''*

En fait, il convient de disposer de ressources suffisantes pour le financement pérenne du mécanisme opérationnalisé, en mesure de garantir une sécurité/sûreté maritime complètement mise en œuvre du seul fait de la volonté et de l'engagement des Etats Parties, avec la logistique et les ressources humaines en propre, afin d'endiguer et de repousser toute tentative d'intrusion militaire gouvernementale ou privée, au pseudo-motif fallacieux d'assistance et d'aide ou de contribution à la restauration de la liberté de navigation et de commerce sur le plan d'eau, espace qui échapperait au contrôle et à la maîtrise des Etats riverains du golfe de Guinée, compris ici comme cet espace institutionnel qui va de l'Angola au Sénégal, et qui compte désormais 26 pays, en prenant en compte le récent retour du Rwanda au sein de la CEEAC.

1.3. Enjeux de financement

Bien que la piraterie soit à ce jour en net recul dans tout le golfe de Guinée, du fait en particulier des engagements de plus en plus fermes des Etats riverains, et en général de la mise en œuvre progressive de l'architecture de sécurisation maritime du golfe de Guinée sus-évoquée, il reste constant que la véritable résilience des Etats ainsi que des dispositifs sécuritaires en cours d'implémentation ne saurait être envisagée que sous le prisme d'une efficiente et rapide harmonisation des législations et de la mutualisation tant des ressources logistiques, humaines, que stratégiques et financières.

L'inauguration récente et l'opérationnalisation effective du CIC marque une étape majeure pour les trois organisations régionales en charge de la coordination du Processus de Yaoundé et leurs partenaires internationaux dans la recherche de meilleures conditions de sûreté et de sécurité maritimes pour le golfe de Guinée. Le CIC a en effet pour mission de trouver des solutions innovantes pour lutter contre la criminalité sur le plan d'eau, et ses effets collatéraux déstabilisateurs pour les Etats riverains.

Spécifiquement, le Cameroun dans la posture d'Etat hôte du CIC, pointe de la pyramide sécuritaire du golfe de Guinée souhaiterait que la question du financement général de toute l'architecture de sécurité et de sûreté maritimes du golfe de Guinée retienne l'attention des donateurs, contributeurs et partenaires du Processus de Yaoundé.

Au cours de la conférence des donateurs et tiers contributeurs envisagée pour la mi-août 2017 à Yaoundé, et à laquelle devraient s'associer toutes les Organisations nationales, régionales et internationales spécialisées sur les questions maritimes, afin que tous conviennent des efforts financiers conséquents à consentir pour le déploiement harmonieux et efficient du dispositif global de sécurisation maritime du Golfe de Guinée.

IV- EN CONCLUSION

Toute stratégie sans plan de financement pour sa mise en œuvre cohérente et efficiente est vouée à l'échec. Les stratégies africaines, quel que soit le domaine d'expression, voire l'urgence d'une solution, ont de tout temps buté sur la sempiternelle maîtrise des sources potentielles et/ou confirmées de financement. Poser cette question comme un préalable non négociable permettrait aux Etats du golfe de Guinée de mettre leur architecture globale de sécurité maritime sur les rails de la réussite.

Seule cette méthode pourrait en effet garantir que les Etats de la CEEAC et de la CEDEAO restent et demeurent les maîtres sur le plan d'eau adjacent à leurs côtes, vastes étendues marines de zones économiques exclusives que ces Etats se sont octroyées en application des dispositions spécifiques et pertinentes de la Convention des Nations Unies sur le Droit de la Mer de 1982, en particulier celles se rapportant à l'appropriation de compétences sur certains espaces marins à compétences souveraines et/ou règlementaires.

L'alternative qui se présente en effet n'est ni viable, encore moins acceptable, car elle part d'une aliénation du raisonnement logique et un alignement, voire une assimilation abusive et indécente de l'insécurité maritime dans le golfe de Guinée sur la situation vécue dans le golfe d'Aden. Ce raisonnement mesquin et condamnable opère d'une logique de déconstruction étatique, identitaire et sécuritaire qui aboutirait à la validation de la présence des Sociétés Militaires Privées (SMP) d'obédiences occidentales et américaines sur le plan d'eau ou à bord des navires transitant ou escalant le long des côtes du Golfe de Guinée.

Doublement incompréhensible et inacceptable pour les citoyens, invalidante et infamante pour les Etats riverains, cette visée aboutirait à la mort programmée de l'architecture de sécurisation maritime collective du golfe de Guinée, initiative véritablement inédite à l'échelle mondiale avec l'expérience novatrice de coordination des deux communautés économiques régionales à partir d'un Centre unique, le CIC au fort référencement stratégico-politique à cheval sur l'Afrique de l'Ouest (15 pays) et l'Afrique centrale (11 pays).

Nul besoin, en effet, de préciser que l'indépendance stratégique et opérationnelle de l'architecture de sécurité et de sûreté maritimes du golfe de Guinée dépendra de la capacité d'une part des Institutions Parties (CEEAC, CEDEAO et CGG) à se mobiliser pour organiser le financement des contributions des Etats membres, et d'autre part de la volonté politique de ces mêmes Etats membres à concourir au financement d'une stratégie régionale globalement bénéfique, née de leur volonté commune, affichée et matérialisée par la signature le 25 juin 2013 du document de référence portant Code de Conduite de Yaoundé, et qui ne fait point obstacle aux diverses politiques maritimes nationales.

Enfin, et pour revenir au point de départ, la transposition et la mise en œuvre des droits de poursuite aéromaritime libre entre les Etats de la CEDEAO regroupés au sein du Centre Régional de Sécurité Maritime de l'Afrique de l'Ouest (CRESMAO), serait d'une part une garantie additionnelle d'efficience sur le plan d'eau, en mesure de favoriser à terme la jonction des actions militaires concertées et continues entre la CEEAC et la CEDEAO au niveau de leur zone de contact, la frontière maritime entre le Nigeria et le Cameroun.

LE DROIT COMMUNAUTAIRE DU TRAVAIL MARITIME DE LA CEMAC ET LA CONVENTION SUR LE TRAVAIL MARITIME (M L C 2006) DE L'ORGANISATION INTERNATIONALE DU TRAVAIL (OIT)

présenté
par Jean Félix MOUTHOUD-TCHIKAYA
Diplômé de l'Institut International du Droit Maritime de l'OMI (MALTE) et de l'Institut d'Administration et de Gestion des Entreprises de CAEN(FRANCE)

I- GENERALITES

Le droit du travail maritime des Etats de la CEMAC, a pour source principale le code communautaire de la marine marchande. Ce code a été adopté pour la première fois en 1994 par :

Acte N°6/94-UDEAC-594-CE-30 du 22.12.94 ; il a été révisé successivement : en 2001 Règlement N° 03/01.UEAC-088-CM-06 du 03.08.01, en 2012 approuvé par les ministres des Transports le 16.02.12.
Ces révisions rendues nécessaires par l'évolution internationale de l'économie maritime ont permis d'adapter cet instrument aux nouveaux enjeux des transports maritimes de ces dernières décennies.
En ce qui concerne le travail maritime, les versions de 1994 et 2001 n'ont pas connu de changements substan-

tiels, l'accent est mis principalement sur les conditions d'engagement, de la qualification et de l'exercice de la profession, de l'organisation du travail à bord et la fin du contrat.

Le code révisé de 2012, va renforcer et développer les droits en matière d'emplois et les droits sociaux des gens de mer, rendre le respect de ces droits obligatoire par les Etats membres.

II- CODE COMMUNAUTAIRE DE LA MARINE MARCHANDE DE 2012

Le livre V traite du travail maritime.
Il comprend 7 titres :

- Titre I généralités
- Titre II le capitaine
- Titre III le marin
- Titre IV obligations de l'armateur
- Titre V obligations des Etats membres
- Titre VI Composition de l'équipage
- Titre VII Etat civil en mer

INTRODUCTION

Définitions :

Gens de mer
Le code de 2012 définit gens de mer ou marin «tout professionnel de la navigation maritime et toute autre personne dont l'activité professionnelle s'exerce en mer ». Cette définition soulève certaines interrogations dans sa mise en œuvre dans la CEMAC dans la mesure où une

certaine catégorie de personnel travaillant en mer rejette cette appartenance aux gens de mer.

La convention sur le travail maritime (MLC 2006), défini à l'article II paragraphe f comme gens de mer ou marin, désigne les personnes employées ou engagées ou travaillant à quelque titre que ce soit à bord d'un navire auquel la présente convention s'applique.

Cette même convention à l'article II paragraphe 3 stipule : si aux fins de la présente convention, l'appartenance d'une catégorie de personnes aux gens de mer soulève un doute, la question est tranchée par l'autorité compétente de chacun des membres après consultation des organisations d'armateurs et des gens de mer intéressés.

Cette disposition montre que l'Organisation Internationale du Travail (OIT) est consciente des problèmes soulevés par la définition des gens de mer dans certains Etats membres.

Contrat d'engagement maritime :

Les conditions d'emploi d'un marin sont définies ou mentionnées dans un contrat appelé ''Contrat d'engagement maritime'' (art 385) c'est un contrat sus generis à la fois contrat de travail et contrat d'engagement.

Les spécificités du milieu où il s'exécute justifient un tel particularisme (en mer, à bord d'un navire avec des impératifs de sécurité et de sureté, de sauvegarde de la vie humaine, des biens et du milieu marin).
Le code décrit de façon détaillée les conditions de formation et le contenu du contrat d'engagement maritime.

A- Des droits des gens de mer en matière d'emploi et des droits sociaux dans le Code de la CEMAC

La révision du code de la marine marchande de 2012 ; a permis de prendre des dispositions afin de renforcer les droits des gens de mer en matière d'emploi et des droits sociaux suivant l'esprit de la convention sur le travail maritime (MLC 2006).

TITRE III

Chapitre III

Recrutement et placement des Marins

La responsabilité incombe désormais aux Etats membres de mettre en place un système de recrutement et de placement des gens de mer efficient et transparent qui peut être un service public ou privé.
Dans le cas ou le service est privé, l'Etat membre doit prévoir une procédure d'agrément pour exercer l'activité.
Ce système est établi, modifié ou remplacé qu'après consultation des organisations d'armateurs et des gens de mer intéressés. Les sociétés de recrutement et placement doivent être certifiées par les organismes reconnus.
Des lois et règlements doivent être édictés afin d'interdire toutes les mauvaises pratiques.

Chapitre IV

Section II : Qualification professionnelle

Les gens de mer qui occupent à bord des emplois qui ne sont pas liés à la conduite ou à l'exploitation technique du navire (les agents du service général) doivent avoir le titre de formation professionnelle correspondant à leur spécialité (art 411).

Les plateformes et autres engins flottants doivent avoir un équipage de marins qualifiés.
Les plateformes fixes doivent disposer d'un effectif minimum des gens de mer dans les spécialités suivantes : exploitation des engins de sauvetage, lutte contre l'incendie, opérateur SMDSM (art 414).

TITRE IV

Conditions de logement

L'armateur est tenu d'offrir des conditions décentes de logement et de loisirs des gens de mer à bord des navires. Le code prévoit des procédures détaillées d'inspection des conditions de logement, d'habitabilité et de loisir (art 436).

Alimentation et service de table

La qualification des cuisiniers est exigée. Veiller à ce que les cuisiniers à bord soient formés et reconnus compétents pour le poste.

Des inspections sont effectuées notamment sur l'hygiène alimentaire, le stockage des vivres la protection de l'environnement, la santé, la sécurité dans le service de cuisine et de table, les approvisionnements en vivres et en eau potable les locaux et les équipements (art 437).

Chapitre V

Soins médicaux à bord et à terre

Les gens de mer qui travaillent sur des navires ont droit à des soins médicaux et à des mesures appropriées pour la protection de leur santé à la charge de l'armateur.
L'article 439 détaille toutes les mesures et les dispositions qui doivent être prises à ce sujet.

Chapitre VI

Rapatriement

Sur ce point, un accent particulier a été mis sur la responsabilité qui incombe à l'armateur dans toutes les décisions et les actions à prendre pour le rapatriement des marins abandonnés à l'étranger.
L'autorité maritime au demeurant, doit afficher la copie des mesures sur le rapatriement à bord des navires (art 440/441).

TITRE V

Des Obligations de chaque Etat membre

Chaque Etat membre doit adopter une législation pour l'application effective des mesures de santé, de la sécurité au travail, de la promotion du bien-être et de l'emploi à bord des navires.

Toutes ces dispositions permettent à chaque Etat membre d'établir un système efficace d'inspection et de certification des conditions de travail conforme aux normes de la Convention sur le Travail Maritime (MLC 2006) et du code de la marine marchande. Ce qui permettra à chaque Etat membre de délivrer aux navires battant son pavillon la DECLARATION DE CONFORMITE DU TRAVAIL MARITIME (DCTM) et le CERTIFICAT DU TRAVAIL MARITIME (CTM), conformément aux dispositions pertinentes de la Convention sur le Travail Maritime (MLC 2006), dont nous allons examiner maintenant les grandes lignes.

I- LA CONVENTION DU TRAVAIL MARITIME 2006 (MLC 2006)

Généralités :

Le 23 février 2006, l'Organisation Internationale du Travail (**OIT**) a adopté la Convention du Travail Maritime (MLC2006) ; cette convention est entrée en vigueur le 20 août 2013. Elle a pour objectif, en matière du travail maritime, de disposer d'un instrument juridique unique, consolidé avec un système de contrôle efficace et un mode de révision souple.

A- Structuration

La convention est structurée en 3 grandes parties :

- Les articles qui énoncent les grands principes d'ordre général.
- Les règles et le code qui ont trait aux conditions de travail et de vie des gens de mer. Les règles rédigées en des termes généraux sont complétées par le code plus détaillé et indique comment les règles doivent être appliquées.

Le code se compose d'une partie **A** obligatoire qui renferme les normes et d'une partie **B** qui renferme les principes directeurs non obligatoires.
Les dispositions des règles, des normes et des principes directeurs ont été ordonnées et reliées entre elles en fonction du sujet qu'elles traitent.

B- Les titres

Les dispositions des règles et du code sont regroupées sous les cinq titres suivants :

- Titre I Conditions Minimales Requises pour le Travail des Gens de Mer à bord des navires.
- Titre II Conditions d'emplois.
- Titre III Logement, Loisir, Alimentation et Service de Table.
- Titre IV Protection de la Santé, Soins Médicaux bien-être et protection en matière de sécurité sociale.
- Titre V Conformité et Mise en Application des Dispositions.

La convention reprend mais consolide en un seul texte les mêmes sujets contenus dans les 37 conventions relatives au travail maritime ainsi que les recommandations y afférentes adoptées par l'Organisation Internationale du Travail (**OIT**).

Au titre IV un accent particulier est mis sur les mesures de protection et l'accès à des soins médicaux ;

La règle 4.2 rend désormais l'armateur responsable du soutien à apporter au marin pour faire face aux conséquences financières, des maladies, accidents ou décès survenant pendant leur service.

L'article A4.4 oblige l'Etat du port en matière de bien-être de :

- Veiller au libre accès des marins aux installations de bien-être
- Promouvoir la mise en place des installations de bien-être
- Favoriser la création des conseils de bien-être.

La convention laisse aux Etats la latitude de prendre des mesures pour garantir l'application convenable de celle-ci.

Article IV : Dispose : «le respect des droits en matière d'emploi et des droits sociaux des gens de mer établis par la convention peut être assuré par la législation nationale, les conventions collectives applicables, la pratique ou d'autres mesures».

Chaque pays est libre de décider si une disposition particulière de la MLC2006 doit faire l'objet d'une loi, d'un règlement ou d'une instruction.

Recrutement et placement des gens de mer

L'article V, **règle 1.4**, et la **règle 5.3**, recommandent aux Etats de mettre en place des systèmes publics ou privés de recrutement et de placement des gens de mer ; des procédures d'inspection de conformité et de surveillance des activités doivent également être règlementées par des Etats.

TITRE VI

Conformité et mise en application des dispositions

Ce titre précise la responsabilité de tout Etat membre au respect et à l'application des droits et des obligations, ainsi que des principes définis par la convention.

En conclusion, le code de la marine marchande de la CEMAC de 2012 a adopté les principales dispositions relatives à l'amélioration des droits en matière d'emploi et des droits sociaux des gens de mer contenues dans la convention du travail Maritime de 2006.
En adoptant cet instrument, les Etats de la CEMAC permettent la mise en place dans la sous-région d'un cadre juridique cohérent et adéquat sur le travail maritime, en

conformité avec les dispositions pertinentes de la Convention du Travail Maritime (MLC2006). Il s'agit pour les Etats de la CEMAC de poursuivre cette harmonisation de leurs législations sur le travail maritime en adoptant des lois et règlements nécessaires et indispensables à rendre opérationnelle l'application du Code de la marine marchande de 2012.

LE CODE CEMAC ET LA FACILITATION DU TRAFIC MARITIME INTERNATIONAL

par Joseph NGUENE NTEPPE
Docteur en Droit
Chargé de cours à l'Université de Douala (Cameroun)
Juriste au Conseil National des Chargeurs du Cameroun (CNCC)
Secrétaire Permanent du Comité National de Facilitation des Echanges (CONAFE)
Secrétaire Général de l'ACDM

Les efforts d'intégration économique entrepris par les Etats membres de la Communauté Economique et Monétaire d'Afrique Centrale (CEMAC) ont conduit, au plan juridique, à la communautarisation du droit des transports afin de soutenir durablement l'un des piliers de l'activité économique que constituent les transports et la logistique. C'est ainsi que dans le domaine maritime, un Code Communautaire de la Marine marchande a été adopté et a vocation à s'appliquer directement dans tous les Etats de la Communauté[80], aussi bien à titre de droit communautaire qu'à titre de droit interne.

Le Code Communautaire de la Marine Marchande de la CEMAC est l'une des rares démarches du genre réussies au sein d'une Communauté Economique Régionale. En Afrique particulièrement, il s'agit de l'unique démarche concluante, les autres Communautés Economiques Régionales, à l'instar

[80] Sont membres de la CEMAC: le Cameroun, le Congo, la République centrafricaine, le Gabon, le Tchad et la Guinée équatoriale.

de la CEDEAO/UEMOA, ne disposant jusqu'ici que de certains textes disparates visant à harmoniser leur droit maritime communautaire et prenant la forme soit de directives, soit de recommandations[81].Dans un espace juridique plus large, constitué par l'Organisation pour l'Harmonisation du Droit des Affaires en Afrique (OHADA), les pays africains membres de cette organisation ont également adopté en 2003 un Acte uniforme relatif aux contrats de transport de marchandises par route[82], applicable directement dans les seize Etats membres[83]. A nos jours, aucune initiative similaire n'a été prise dans le domaine des transports maritimes.

Le Code CEMAC de la Marine Marchande apparaît donc comme un formidable instrument d'intégration juridique et économique des Etats membres de la CEMAC dans le domaine des activités maritimes. Il a été adopté en 1994, puis révisé successivement en 2001 et en 2012. Il s'agit d'un instrument normatif substantiel abordant pratiquement toutes les questions essentielles du droit maritime et du droit de la mer,

---

[81] A ce sujet, lire notamment **FOLQUET (Léon)**, « La règlementation de l'UEMOA en matière de transport maritime », RAMATRANS, N°5, juillet 2013, pp. 18 s.

[82] En ce sens, voir notamment: NGAMKAN (Gaston), Le contrat de transport routier de marchandises sous la bannière de l'OHADA et à la lumière de la CMR européenne, L'Harmattan, Paris, 2015; BOKALLI (Victor -Emmanuel) et SOSSA (Dorothée), *Droit OHADA du contrat de transport de marchandises par route,* Bruylant, Juriscope, Bruxelles, 2006 ; voir également BATOUAN (Joseph -Alain), *« Le transport de marchandises par route en Droit OHADA : Approche critique, comparative et prospective»*, Thèse de Doctorat en droit, cotutelle Université de Yaoundé II/Université de Nantes, octobre 2007.

[83] Sont actuellement membres de l'OHADA, les Etats suivants : Bénin, Burkina Faso, Cameroun, Centrafrique, Comores, Congo Brazzaville, Cote D'ivoire, Gabon, Guinée, Guinée-Bissau, Guinée Equatoriale, Mali, Niger, Sénégal, Tchad, Togo, République démocratique du Congo (en cours d'adhésion).

instituant ainsi une bonne cohabitation entre les règles du « droit privé maritime » et celles du « droit public maritime »[84].

La dernière révision dudit Code qui date de 2012 avait pour objectif d'actualiser et de moderniser le droit maritime communautaire de la CEMAC en l'arrimant aux évolutions récentes du droit maritime international, dans divers domaines touchant notamment au contrat de transport, à la sécurité et la sûreté maritimes, à la protection du milieu marin et au travail maritime.

Il ya dès lors lieu de s'interroger si cette dynamique qui pose les bases d'un encadrement juridique de l'économie bleue de la Communauté Economique de l'Afrique Centrale à cerner suffisamment et efficacement les défis majeurs et globaux des activités maritimes, en intégrant toutes les problématiques fondamentales y afférentes. En effet, l'une des questions déterminantes de la règlementation du commerce international de nos jours est indubitablement celle relative à la facilitation des échanges, dans un contexte marqué par la libéralisation des échanges et la croissance subséquente des transactions du commerce mondial. Le nouveau Code CEMAC a-t-il réussi à intégrer les exigences liées à la facilitation du trafic maritime international qui constitue le principal auxiliaire du commerce international ?
A l'analyse, l'on observe que le Code CEMAC de 2012 réserve un traitement insuffisant, voir insignifiant à la problématique de la facilitation des échanges (I), laissant ainsi apparaître la nécessité de sa mise à jour en vue d'une prise en compte spécifique de ladite problématique (II).

---

[84]Cf. NDENDE (Martin), *« La construction du droit des transports maritimes en Afrique »*, Mélanges offerts à Pierre BONASSIES, Etudes de droit maritime à l'aube du XXIe siècle, éd. Moreux, Paris, 2001, pp.239 et s., spéc. p.256.

I- UN TRAITEMENT INSUFFISANT DE LA PROBLÉMATIQUE DE LA FACILITATION DU TRAFIC MARITIME INTERNATIONAL DANS LE CODE DE 2012

Une lecture attentive du Code CEMAC de 2012 laisse apparaître une prise en compte insuffisante de la problématique de la facilitation des échanges en général, et de son application au transport maritime international particulier. Cette omission se vérifie aussi bien dans la partie conceptuelle du Code qui n'aborde aucunement cette notion, que dans la partie substantielle dans laquelle le législateur s'est contenté d'évoquer au passage quelques règles pouvant être identifiées comme relevant de la démarche de facilitation du transport maritime mais sans pour autant les qualifier expressément ainsi, ni leur consacrer des développements spécifiques.

A- Le contenu de l'exigence de facilitation du commerce et des transports

La facilitation des échanges commerciaux peut être appréhendée comme une démarche visant à mettre en place un cadre cohérent, transparent et prévisible pour les transactions commerciales internationales. Elle consiste essentiellement à faciliter les transactions internationales par la simplification et l'harmonisation des opérations physiques, des procédures et des courants d'informations, la réduction des délais et des coûts des opérations, contribuant ainsi à la croissance du commerce mondial.

A travers la facilitation des échanges qui a par essence un champ d'application transversal au sein des disciplines du commerce international[85], l'on cherche à donner des réponses pratiques à des préoccupations qui ne sont pas suffisamment résolues par les règles classiques et sectorielles régissant les différentes branches d'activités liées au commerce international[86]. Il s'agit, par le moyen d'un ensemble de mesures et de disciplines spécifiques, de fluidifier la circulation des marchandises de bout en bout, dans le segment maritime, le passage portuaire, le pré et le post acheminement sur les corridors routiers et ferroviaires en éliminant les obstacles physiques et les goulots d'étranglement.

L'on peut donc regretter que le Code CEMAC n'ait pas abordé cette thématique dès sa partie consacrée aux définitions[87] des concepts clés, et ceci permet de comprendre pourquoi les dispositions de fond ne s'y attardent pas non plus suffisamment.

B- L'application de la facilitation aux transports maritimes

Appliquée aux transports, la facilitation est appréhendée comme *« la simplification et l'harmonisation des procédures et des documents, l'optimisation des opérations phy-*

---

[85]Les travaux relatifs à la facilitation des échanges intègrent en effet les préoccupations d'une diversité de secteurs d'activités et de disciplines liés au commerce international: les achats, les ventes, les procédures administratives d'agrément aux activités du commerce international, les procédures et formalités de passage des marchandises à travers les frontières (maritimes, terrestres et aériennes) à l'importation et à l'exportation , les formalités de transit, les procédures douanières, le transport international des marchandises, la logistique, les transactions bancaires, etc.

[86] A l'instar du régime des obligations des parties contractantes, le régime de la responsabilité des parties, le régime des actions en responsabilité, les compétences juridictionnelles ou arbitrales en cas de litige, etc.

[87]Article 2 du Code.

siques, des coûts et de l'information sur la chaîne logistique intégrée des transports»[88].

S'agissant des transports maritimes spécifiquement, la facilitation est impulsée à la base par la Convention visant à faciliter le trafic maritime international (Convention FAL), adoptée par l'Organisation Maritime Internationale (OMI) en 1965 qui prescrit des mesures spécifiques pour faciliter l'accueil, le séjour et la sortie des navires dans les ports, ainsi que le passage portuaire des marchandises débarquées[89].

De manière plus récente, l'Organisation Mondiale du Commerce (OMC) a adopté, en décembre 2013, l'Accord sur la Facilitation des Echanges, afin de simplifier plus généralement la circulation des marchandises à travers les frontières[90] et de réduire considérablement les obstacles physiques et les goulots d'étranglement favorisés par l'implémentation des procédures et formalités archaïques et inappropriées.

C- Les solutions prévues par le Code de la Marine Marchande de 2012

L'on observe que la problématique de la facilitation du commerce et des transports n'est abordée par le Code

---

[88]Cf. Publication de la Commission Economique et Sociale pour l'Asie des Nations Unies, "Gestion de la mondialisation, quelques questions intersectorielles: la facilitation du commerce et des transports", Document E/ESCAP/CMG/1, octobre 2003.

[89] Cf Annexe à la Convention FAL, Normes 1.1 à 7.12.

[90]L'Accord sur la facilitation des Echanges est entré en vigueur le 22 février 2017.

CEMAC qu'à travers la question des inspections des navires[91], traitée par ailleurs de manière très succincte.

Ainsi, aux termes de l'article 196 du Code, les inspections des navires étrangers dans les ports des Etats membres doivent être effectuées conformément aux prescriptions des instruments juridiques internationaux et régionaux pertinents, à l'instar de ceux qui suivent:

- les directives OMI pour les agents chargés du contrôle par l'Etat du port (Rés. A 787 (19) révisée);

- la Convention sur le travail maritime;

- le Mémorandum d'entente sur le contrôle des navires par l'Etat du Port (MOU d'Abuja);

- les conventions pertinentes de l'OMI ratifiées par les Etats membres: Convention SOLAS; Convention sur les lignes de charge (L.L.66); Convention sur le jaugeage des navires (Tonnage 69) ; ConventionSTCW78; Convention MARPOL 73/78.

L'on peut néanmoins regretter énormément que parmi les instruments de référence visés par le Code CEMAC pour traiter des aspects liés à la facilitation, aucune allusion n'ait été faite à la Convention FAL de l'OMI qui est pourtant considérée comme la charte de la facilitation du transport maritime. Cette carence majeure à laquelle s'ajoute la nécessaire prise en compte des prescriptions pertinentes en matière de facilitation des échanges édictées par les instruments internationaux élaborés postérieurement à l'adop-

[91] Cette question est abordée au Chapitre 6 du Titre VI du Code intitulé "Règles particulières à l'inspection des navires étrangers (Contrôle par l'Etat du Port), articles 195 et 196".

tion du Code, exigent une mise à jour de celui-ci pour l'arrimer à cette problématique dont l'importance pour le commerce maritime est indiscutable.

II- LA NÉCESSITÉ D'UNE ACTUALISATION DU CODE CEMAC EN VUE DE LA PRISE EN COMPTE DE L'EXIGENCE DE FACILITATION DU TRAFIC MARITIME

Le besoin de mise à jour du Code CEMAC de la Marine Marchande de la CEMAC pour y intégrer les exigences liées à la facilitation des échanges est fondé notamment par les enjeux de cette question pour les pays membres de la CEMAC, les axes d'arrimage du Code auxdites exigences pouvant aisément découler des instruments internationaux pertinents ci-dessus analysés.

A- Les enjeux de la facilitation des échanges pour les Etats membres de la CEMAC

Face à la libéralisation des échanges et à la croissance induite des transactions du commerce international, la démarche de facilitation du commerce est devenue une préoccupation majeure aussi bien pour les acteurs du commerce international que pour les pouvoirs publics.

Les enjeux de la facilitation des échanges sont incontestables pour tous les pays au monde, et en particulier les pays en développement qui se heurtent actuellement aux obstacles procéduraux les plus importants et devraient en conséquence enregistrer les plus forts gains de la facilitation des échanges.

Selon une étude de l'OCDE, la mise en œuvre des mesures de facilitation des échanges induira une baisse de **12,5%** à

17,5% des coûts commerciaux des échanges dans le monde et une progression des exportations des pays en développement de **14%** à **22%,** tout en se diversifiant[92].

A cet égard, la facilitation procure des gains considérables aux entreprises, surtout aux petites entreprises pour lesquelles le coût des procédures s'avère parfois proportionnellement très élevé par rapport à la valeur des transactions généralement faible. Ces avantages reposent, entre autres, sur la réduction des coûts des transactions et des délais de livraison, la prévisibilité et la sécurité des transactions, la simplicité du cadre commercial permettant d'accélérer les transactions, de renforcer la compétitivité, d'accroître des activités.

Quant aux pouvoirs publics, la facilitation du commerce présente notamment les avantages suivants : l'efficacité accrue des méthodes de contrôle, l'accroissement des recettes fiscales, l'emploi plus judicieux et plus efficace des ressources, le meilleur respect de la règlementation, la stimulation des investissements étrangers, et l'accélération de la croissance et du développement économique.

Le commerce international étant essentiellement véhiculé par les transports maritimes qui soutiennent environ 90% des marchandises vendues, l'application de la facilitation des échanges au transport maritime constitue un atout majeur. A cet égard, l'intégration dans le Code CEMAC des dispositions y afférentes est plus qu'opportune.

---

[92] OECD Policy Brief, "Implementation of the WTO Trade Facilitation Agreement: the potential impact on trade cost", June 2015. Voir aussi, Organisation Mondiale du Commerce, "La facilitation des échanges de l'OMC: Mécanisme pour l'Accord sur la facilitation des échanges", Genève, p3.

B- Les axes de possibles d'arrimage du Code CEMAC aux mesures de facilitation du trafic maritime international

De manière générale, face au cercle vicieux que représentent les obstacles et les goulots d'étranglement rencontrés dans le processus de circulation des marchandises à travers les frontières, la mise en œuvre effective et efficace des mesures de facilitation des échanges vise à évoluer vers un cercle vertueux permettant d'optimiser les opérations du commerce international. Le Code CEMAC peut contribuer à la réalisation de cette transformation, en ce qui concerne les activités relevant de son champ d'application, par le moyen de certaines dispositions techniques et institutionnelles.

1- L'insertion dans le Code des mesures techniques de facilitation

La démarche de facilitation des échanges est fondée essentiellement sur des mesures techniques admises au plan international et consacrées par des instruments juridiques internationaux liant les Etats. De nos jours, ces mesures découlent essentiellement des dispositions pertinentes de la Convention FAL de l'OMI et de l'Accord sur la facilitation des échanges de l'OMC. Le Code CEMAC pourrait s'inspirer de ces instruments pour s'arrimer suffisamment à la problématique de la facilitation du commerce et des transports qui manque tant à son corpus.
Les principales mesures de facilitation suivantes consacrées par la Convention FAL mériteraient ainsi d'être prises en compte :

- la simplification des formalités liées à l'entrée, le séjour au port et la sortie des navires en escale, concernant

notamment les inspections et contrôles par les administrations compétentes de l'Etat du Port. Ces mesures intègrent notamment la liste exhaustive des documents devant être présentés par le navire aux autorités en charge des contrôles au port ainsi que le nombre d'exemplaires requis et le type de mentions et de données devant être contenues dans chacun de ces documents;

- *la simplification des formalités concernant la prise en charge des cargaisons débarquées au Port, leur dédouanement et leur sortie du port.* Ces dispositions concernent notamment les exigences de simplification des procédures et de fluidité du passage portuaire des marchandises;

- *l'harmonisation et la standardisation des documents exigés aux navires à l'occasion de leur escale au port,* connus précisément sous l'appellation de ***"Formulaires FAL"***[93].

- *la simplification des formalités concernant les passagers, l'équipage et les bagages.*

- *les mesures particulières concernant le traitement des navires en escale pour débarquer des personnes secourues en mer ou des personnes malades ou blessées nécessitant un traitement médical urgent;*

---

[93]Sept types de Formulaires FAL ont ainsi été standardisés par l'OMI: Formulaire FAL 1 (Déclaration Générale); Formulaire FAL 2 (Déclaration de la cargaison); Formulaire FAL 3 (Déclaration des provisions de bord); Formulaire FAL 4 (Déclaration des effets et marchandises de l'équipage); Formulaire FAL 5 (Liste de l'équipage); Formulaire FAL 6 (Liste des passagers); Formulaire FAL 7 (Manifeste des marchandises dangereuses). Cf. Appendice 1 de l'Annexe à la Convention FAL.

- les mesures spécifiques concernant les formalités d'accueil des navires de croisière et pour des navires utilisés à des fins scientifiques,

- les mesures liées au traitement des passagers clandestins, aux règles d'hygiène, aux contrôles sanitaires, phytosanitaires et vétérinaires.

S'agissant des mesures prescrites par l'Accord sur la Facilitation des Echanges de l'OMC, le Code mériterait de s'inspirer de celles qui suivent et qui visent à instituer des disciplines spécifiques dans la circulation transfrontalière des marchandises :

- *la transparence des transactions*[94]: meilleur accès aux informations commerciales (publication des renseignements, points d'information, consultation, implication du privé, décisions anticipées…)

- *la simplification des procédures et des contrôles: dédouanement rapide, simple et moins coûteux*[95] (traitement anticipé, séparation, mainlevée et fixation des droits finaux, OEA, guichet unique, paiement électronique, etc.); prise en charge rapide des navires en escale au port ;

- *l'impartialité dans le règlement des différends*[96] *:* droit à un recours ou à un réexamen, discipline en matière de pénalités, etc. *;*

- *la liberté et la facilitation du transit*[97]*:* Circulation des marchandises en transit inter-états ou en transit national ;

---

[94]Articles1, 2, 3 et 5 de l'AFE.
[95]Articles 7 et 10 de l'AFE.
[96]Articles 4,5 et 6 de l'AFE.

- *la gestion coordonnée des frontières*[98]: Coopération entre organismes aux frontières, gestion des risques, limites aux inspections avant expédition, rationalisation des documents requis.

2- L'insertion dans le Code des mesures institutionnelles de facilitation

La mise en œuvre harmonieuse et efficace des mesures techniques de facilitation susmentionnées requiert la création d'un environnement institutionnel approprié, répondant aux principes fondamentaux de la facilitation que sont la concertation, le dialogue participatif et la coordination.

Le cadre institutionnel le plus recommandé à cet effet est le ***Comité National de Facilitation des Echanges*** ou tout autre organisme équivalent. Il s'agit d'un organisme ayant vocation à servir de cadre à la concertation permanente entre les parties prenantes, nécessaire pour relever les principaux défis suivants liés à l'opérationnalisation des mesures de facilitation :

- *Le défi de coordination des actions des acteurs de la chaîne logistique*, face à la problématique de la diversité des organismes gouvernementaux et privés chargés des contrôles aux frontières et des conflits de compétence et d'intérêts qui sous-tendent leurs actions ;

- *Le défi de conciliation des missions régaliennes des Etats*, notamment le nécessaire équilibre à trouver entre le besoin de facilitation et les missions de sécurité et de sûreté.

---

[97]Article 11.
[98]Articles 8 et 12.

A cet égard, la Convention FAL de l'OMI recommande aux Etats membres la création de *"Commissions Nationales de Simplification des Formalités"* chargées de veiller à l'établissement d'un programme national de facilitation du transport maritime et à la mise en œuvre de celui-ci à travers l'adoption et la mise en œuvre effective des réformes et mesures de facilitation nécessaires par toutes les parties prenantes aux différents aspects du trafic maritime international[99].

Les dispositions de l'Accord sur la Facilitation des Echanges de l'OMC sont plus contraignantes à cet égard, dans la mesure où elles ne font plus une simple recommandation, mais consacrent une véritable "obligation" à l'égard des Etats pour la création des Comités Nationaux de Facilitation des Echanges, chargés d'assurer la coordination de la mise en œuvre au plan national des dispositions de l'Accord[100].

En définitive, il serait donc opportun que le Code Communautaire de la Marine Marchande de la CEMAC, qui se veut un instrument efficace d'intégration juridique et économique dans le domaine maritime en Afrique Centrale, fasse l'objet d'une mise à jour pour la prise en compte de la problématique de la facilitation du commerce et des transports, de manière à impulser les dynamiques suivantes au sein des Etats membres:

- l'appropriation et la mise en œuvre effective des instruments internationaux sur la facilitation des échanges, notamment la Convention visant à faciliter le trafic maritime international de l'OMI (Convention FAL) et l'Accord sur la facilitation des échanges (AFE) de l'OMC;

---

[99]Normes 7.11 et 7.12 de l'Annexe à la Convention FAL
[100]Art. 23 al.2 de l'AFE.

- la création des Comités Nationaux de Facilitation des Echanges ou des organismes nationaux similaires, chargés de la coordination de la mise en œuvre au plan national des mesures de facilitation des échanges;

- la coopération régionale en matière de facilitation des échanges, à travers notamment la création d'un Comité Régional de Facilitation des Echanges ou un organisme régional similaire, chargé de la coordination de la mise en œuvre harmonieuse en zone CEMAC des mesures de facilitation du commerce et des transports.

REFLEXIONS SUR LES CONDITIONS D'ACCES AUX PROFESSIONS MARITIMES AU REGARD DU CONTENU LOCAL : CAS DES SUCCURSALES

par Patrice BAZOLO
Conseil juridique, Senior Manager,
Cabinet PricewaterhouseCoopers Tax & Legal

INTRODUCTION

Les réflexions, objet des présentes concernent les **conditions d'accès** aux professions maritimes et des auxiliaires des transports **au regard du contenu local**; à l'exclusion, d'une part, **des *conditions d'exercice***, et d'autre part, des personnes physiques ou morales ressortissantes de la CEMAC.

Les personnes visées sont donc les personnes physiques et morales étrangères à la CEMAC.

Quant aux professions concernées, il s'agit de celles qui sont visées par l'Acte n° 3/98-UDEAC-648-CE-33 du 5 février 1998 et le Code communautaire de la marine marchande :

Professions maritimes : Transporteur maritime, Affréteur, Fréteur.
Professions des auxiliaires de transport maritime :

- Consignataire de navires,
- Agent maritime,

- Courtier maritime, courtier interprète, conducteur de navire
- Expert maritime,
- Commissaire aux avaries,
- Commissionaire de transport,
- Manutentionnaire de navire ou acconier,
- Transitaire,
- Relevage, Remorquage, Pilotage, Lamanage

I- LES CONDITIONS D'ACCÈS AUX PROFES-SIONS MARITIMES ET AUXILIAIRES DES TRANSPORTS

Les conditions d'accès aux professions maritimes et aux professions auxiliaires des transports sont prévues aux articles 464 et 620 du code communautaire, et 5 et 6 de l'Acte CEMAC susvisé :

Article 5 : Toute personne physique ou morale ressortissant de l'Union, désireuse d'exercer dans un Etat membre l'une ou plusieurs des professions maritimes ou auxiliaires de transport citées à l'article 2 ci-dessus, doit au préalable obtenir l'agrément de l'autorité compétente.
Article 6 : Les personnes physiques ou morales étrangères peuvent être également admises à exercer dans l'Union les professions maritimes et auxiliaires de transport maritime citées à l'article 2, sous condition d'une prise de participation minimum de 10% au capital social par les nationaux.

Il ressort de ces dispositions que la condition de prise de participation renvoie à la notion du "contenu local", actuellement très usitée mais non encore définie par un texte précis.

Parmi les textes en vigueur en République du Congo, cette notion se retrouve dans les textes ci-après :

- Décret n° 2000-19 du 29 février 2000 fixant les conditions d'agrément et d'exercice des professions maritimes et des professions auxiliaires des transports,

- Arrêté n° 2623 du 11 août 2000 déterminant la proportion de participation des nationaux congolais dans le capital social des sociétés des personnes physiques ou morales étrangères admises à exercer au Congo les professions maritimes et les professions auxiliaires des transports : entre 20 et 30%,

- Arrêté n° 19572 du 10 novembre 2014 modifiant l'article 2 de l'arrêté n° 2623 du 11 août 2000 : entre 25 et 40%.

Remarque : L'Acte CEMAC de 1998 susvisé prévoit un minimum de prise participation de 10%. Ce minimum est relevé par des textes d'application pris localement comme cela apparaît ci-dessus.

1.1. Définition et contexte du contenu local

- Eléments de définition :

En l'absence d'une définition légale, le contenu local dans son acception actuelle ne se limite pas à la prise de participation par les nationaux dans le capital social d'une société étrangère.

En effet, par « contenu local », on entend également :

- l'emploi et la formation du personnel local,

- la promotion et l'utilisation des biens et services locaux,

- le partenariat, le transfert des technologies et du savoir-faire,

- etc.

En définitive, le contenu local peut s'entendre comme étant la valeur ajoutée apportée à un Etat hôte par l'intermédiaire :

- du développement des ressources humaines (emploi et formation de la main-d'œuvre locale),

- et des investissements dans le développement de l'approvisionnement (développement de l'achat des biens et services localement).

- Contexte :

Le regard porté sur l'évolution des textes dans différents domaines, permet de relever que la pratique du contenu local n'est pas récente en République du Congo.
Les questions y relatives sont en réalité à l'ordre du jour depuis bien avant l'Acte CEMAC susvisé de 1998. L'accent était mis particulièrement sur l'emploi de la main-d'œuvre locale (congolisation des postes), comme cela ressort notamment des textes ci-après :

- Loi n° 23/63 du 21 décembre 1967 portant loi programme pour l'africanisation des postes ;

- Loi n° 22/88 du 17 septembre 1988, dite loi ONEMO ;

- Note circulaire n° 146/DIGEMAR du 15 février 1997 ;

- Circulaire n° 042/DIGEMAR du 10 février 1998 ;

- Lettre n° 1714/MTACMM-CAB du 3 juillet 2000 du Directeur de cabinet du Ministre en charge de la marine marchande adressée au Directeur de la marine marchande ;

- etc.

Il y a donc lieu de mentionner que le contenu local n'est pas une exclusivité du secteur maritime.
On trouve également la notion du contenu local dans plusieurs autres domaines comme :

- les hydrocarbures (code des hydrocarbures, Titre VII),

- la sous-traitance (loi n°3-2000 du 1er février 2000 ; Décret n° 2000-160 du 7 août 2000) ;

- les marchés publics (par la notion de la préférence nationale) ;

- Etc.

1.2. Enjeux du contenu local

Au regard des éléments de définition et du contexte du contenu local, la valeur ajoutée apportée à l'Etat hôte, sert comme apport mesurable au développement de l'économie nationale.

Au-delà de cet enjeu, se trouve la souveraineté de l'Etat qui entend promouvoir les entreprises locales et la fourniture des biens et services locaux ; réduire le chômage, etc.

II- LA SUCCURSALE FACE À L'EXIGENCE DU CONTENU LOCAL

2.1. L'impossibilité pour la succursale de remplir la condition de prise de participation par les nationaux dans le capital social

La succursale n'ayant pas de personnalité juridique autonome distincte de celle de la société ou de la personne physique propriétaire, il lui est juridiquement impossible de satisfaire à l'exigence de prise de participation au capital social.

2.2. Les dérogations possibles

L'Acte CEMAC susvisé ne semble pas prévoir de possibilité de dérogations. Cependant, dans bien des cas, la pratique administrative donne assez d'ingrédients qui alimentent les thèses de l'existence de dérogations.

- Cas des sociétés exerçant leurs activités sous le régime des Autorisations Temporaires d'Exercice (ATE)

Au lendemain de la publication de l'Acte CEMAC de 1998 les entreprises étrangères exerçant leurs activités dans des conditions d'intermittence et de précarité, sous le régime des Autorisations Temporaires d'Exercer (ATE), se sont retrouvées dans l'impossibilité d'obtenir l'agrément requis pour exercer les professions maritimes et auxiliaires de transports.

Pour pallier cette situation, l'Administration de la marine marchande qui avait été approchée par le Cabinet Fidafrica (actuel PricewaterhouseCoopers Tax & Legal) avait initié la Note Circulaire n° 027/DIGEMAR du 12 janvier 2001 à l'attention des sociétés susvisées exerçant les professions susvisées dans le secteur pétrolier (offshore).

Sur la base de cette note circulaire, une attestation de régularité provisoire, valant agrément, est délivrée pour une durée d'un an renouvelable une fois.
Cette solution qui n'avait pas vocation à durer est toujours applicable à ce jour, soit plus de 16 ans après son entrée en vigueur.

L'objectif de remplacer la note circulaire susvisée par un texte de valeur juridique plus important (Arrêté ou Décret) est toujours recherché.
Il est peut-être temps de prendre maintenant l'initiative de régulariser cette situation.

- Quel sort réserver aux opérateurs se trouvant dans les situations non prévues par l'attestation de régularité ?

La succursale n'est pas certes visée par la note circulaire du 12 janvier 2001, mais l'examen de son statut juridique au regard des sociétés sous ATE, fait appel à certaines interrogations.
En termes **de durée de vie**, entre la durée initiale de la succursale (deux ans) et la société sous ATE (un an), l'écart n'est que de douze (12) mois.

Si sur un strict plan juridique, la succursale ne peut satisfaire à la condition d'ouverture du capital social, celle-ci d'une part, demeure un véhicule juridique adapté pour des projets à court et moyen termes, et d'autre part, ne remplit pas moins bien les autres exigences du contenu local (emploi du personnel local, formations, utilisation des biens et services locaux, assurances locales, etc.).

En termes de niveau de compétitivité des entreprises locales, la comparaison faite entre les entreprises locales et les entreprises étrangères notamment dans les industries de pointe (industries extractives par exemple) révèle à suffisance le besoin qu'ont encore les entreprises locales de bénéficier de l'expertise des sociétés étrangères.

D'où la nécessité de continuer à mettre l'accent sur le transfert de compétences dans les partenariats signés.

Y a-t-il un intérêt particulier à la rigidité des textes ?

La réalité du monde maritime montre que la conclusion des contrats à court et moyen termes demeure une pratique courante.

Si les enjeux du contenu local tournent autour du développement économique national, il reste constant que la prise de participation dans le capital social n'est pas l'unique moyen d'arriver à cette fin. Bien au contraire, l'utilisation des biens et services locaux, l'emploi de la main d'œuvre locale, le transfert des compétences concourent autant sinon plus à l'essor économique du pays que la seule prise de participation dans le capital social.
Dès lors, il semble se dégager de bonnes raisons pour examiner avec une attention particulière la situation des

succursales au regard de l'exigence de l'ouverture du capital social aux nationaux.

Par ailleurs, si une dérogation a pu être accordée aux sociétés sous ATE, rien ne semble justifier que le même traitement ne soit pas réservé aux succursales, notamment dans les projets à court terme.

Compte tenu de l'étendue du contenu local et des enjeux qui s'y rattachent, et de certaines spécificités de certaines professions maritimes, il serait intéressant de faire un point exhaustif sur l'application effective de l'Acte CEMAC de 1998 dans les pays membres de la CEMAC.

LES ENJEUX DU CODE ISPS AU REGARD DU CODE CEMAC DE LA MARINE MARCHANDE REVISE

par Paulette NGO MBOGBA
Juriste au Port autonome de Douala,
Titulaire d'un DEA en droit public de l'Université de Yaoundé et d'un DESS en droit de la mer et des activités maritimes de l'Université de Lille II,
Membre de l'Association Française du Droit Maritime.

Mesdames et Messieurs,

Avant d'être membre de l'AFDM et de l'IFM, je suis d'abord et très modestement une juriste africaine passionnée des problématiques juridiques africaines notamment dans les domaines de la sécurité et de la sûreté maritimes, de la navigation intérieure et du droit communautaire.

Si en effet, les problématiques de sécurité et de sûreté maritimes sont aujourd'hui au centre des préoccupations majeures des Etats en général et singulièrement les Etats membres de la CEMAC, en revanche force est de reconnaître malheureusement que celles relatives d'une part, au droit communautaire dans l'espace CEMAC alors même que c'est ce droit communautaire qui nous réunit ici aujourd'hui, et d'autre part à la navigation intérieure qui constitue, selon nous, un impératif catégorique pour le développement socio-économique et culturel de l'Afrique,

semblent (ces deux problématiques) reléguées aux calendes grecques.
A titre de rappel historique : le bassin du Congo que Bismarck appelait le Danube africain fut le seul bassin d'Afrique où fut proclamée la liberté de commerce à différencier de la liberté de navigation. Et cela peut se comprendre car en effet, les pays riverains du bassin du fleuve Congo sont les pays d'Afrique centrale, de l'Est et australe.

C'était une écoutille que je referme aussitôt pour ne pas perdre à l'esprit que le thème de mon intervention est et reste **« les enjeux du Code ISPS au regard du Code CEMAC de la marine marchande »,** tout en espérant surtout avoir pu attirer l'attention des représentants des différents Etats et messieurs ici présents sur le fait que le développement économique et social de l'Afrique passera inéluctablement par le développement de sa navigation intérieure surtout à l'heure des contraintes climatiques. A cet égard d'ailleurs le législateur continental l'a bien compris puisque l'article 2 de la CATM fait d'un tout indivisible les transports maritimes et les transports par voies d'eau navigables continentaux.

Notre thème pose l'épineux problème de la vision du législateur communautaire de la sûreté maritime et portuaire telle que consacrée par **le chapitre XI-2 de la convention SOLAS de 1974 amendée en 2002 et le code international pour la sûreté des navires et des installations portuaires.**

En d'autres termes, le législateur communautaire voit-il dans le droit international de la sûreté maritime de 2002 une simple obligation maritime de plus ou alors une véritable politique CEMAC de la sûreté maritime et surtout portuaire ? Mais d'ores et déjà, on peut le souligner au rouge et même s'en féliciter que le législateur communautaire ait pu relever ce défi énorme, celui d'uniformiser voire harmoniser le droit des activités maritimes dans la sous-région CEMAC, et j'imagine que vous comprenez pourquoi je regrette que le droit communautaire dans la zone CEMAC n'ait toujours pas une place de choix dans nos enseignements universitaires.

On peut également se réjouir que le code CEMAC de la marine marchande soit à l'air du temps, car toutes les problématiques liées aux activités maritimes et portuaires y sont abordées. C'est un point important, puisque le Code de la marine marchande de la République du Sénégal par exemple, bien qu'actualisé ou révisé en 2010 comme réponse à l'une des sinistralités maritimes les plus meurtrières de l'histoire maritime (je nomme la catastrophe meurtrière du navire *Joola)*, ne contient toujours pas de dispositions en matière de sûreté maritime conformément au droit international de la sûreté maritime de 2002.

Par rapport à la problématique que pose notre thème pour nous répéter celle de la vision CEMAC de la sûreté maritime et portuaire, il paraît difficile en l'état du titre III du livre II exclusivement dédié à la sûreté maritime et portuaire, de soutenir que le législateur communautaire a une vision clairement définie de la politique de sûreté maritime et portuaire dans l'espace CEMAC. Tout porte à croire que le législateur CEMAC considère le droit international de la sûreté maritime de 2002 et surtout sa mise en œuvre plutôt comme une obligation lourde dans tous ses contours et pourtours pour les Etats.

Quelques éléments pour étayer cette assertion :

Primo, le titre III du livre II ne dispose pas de préambule justifiant et clarifiant les enjeux de sûreté maritime dans la sous-région.
Ce qui paraît assez surprenant. En effet, ce qu'il faut garder à l'esprit et surtout comprendre, c'est que l'avènement du droit international de la sûreté maritime de 2002 et plus spécifiquement le Code ISPS dont l'effectivité est obligatoire depuis 2004, a entraîné un profond bouleversement des règles de gestion et d'exploitation des ports maritimes jusque-là bien établies. Ceci est d'autant plus vrai qu'avant 2002 en Afrique subsaharienne, il était quasi - impossible de retrouver le terme « **sûreté maritime** » et surtout « **sûreté portuaire** » dans les *corpus* nationaux et intégrés à l'instar du code CEMAC de la marine marchande.

Secundo, à la lecture du titre III sus-évoqué, on a plutôt l'impression que le législateur CEMAC a eu une interprétation condensée voire très restrictive pour un droit international déjà lui-même très restrictif puisque ne sont concernés que le navire et les ports strictement dans l'interface navire/port.

Tel quel, le titre III du livre II est composé de deux chapitres respectivement avec deux et trois articles subdivisés en 2 voire tout au plus 4 sous-parties. La politique CEMAC de la sûreté maritime si politique il y a, nous semble victime d'une transposition très contractée des instruments pertinents internationaux que sont en l'occurrence le chapitre XI-2 de la convention SOLAS de 1974 telle qu'amendée en 2002 et le Code ISPS adopté également en 2002.

A titre indicatif, **le chapitre XI-2** précédemment évoqué et qui s'intitule *expressis verbis* « **Mesures spéciales pour renforcer la sûreté maritime** » est déjà constitué de 13 règles subdivisées au moins en deux sections voire plus à l'instar de la règle 9. De même, le Code ISPS qui est subdivisé en deux parties dont une partie A obligatoire constituée de 19 articles. Ce qui suppose que le système ISPS est loin d'être une simple formalité, mais plutôt une réflexion d'ensemble avec des enjeux à atteindre clairement définis.

Notre assertion serait plutôt la suivante : justement parce que l'effectivité du système ISPS impose une contrainte très lourde en termes financiers, de ressources humaines, organisationnel, fonctionnel, ou de coordination (voir tableau), il conviendrait que ce système soit considéré comme un instrument de politique CEMAC et comme un atout pour l'ensemble des Etats membres en termes de compétitivité et de sécurisation des transports maritimes sous-régionaux et multimodaux.

C'est pourquoi j'insiste toujours et encore sur le fait que le développement des transports de personnes et de marchandises par voies d'eau navigables en Afrique et spécifiquement dans le bassin du fleuve Congo est un gage de viabilité des ports de la région d'Afrique centrale et au-delà, et par conséquent du développement socio- économique de la région.

Nous avons tantôt dit que le droit international de la sûreté maritime de 2002 a bouleversé les règles de gestion et d'exploitation surtout des ports car les navires avaient déjà l'expérience des révolutions réglementaires obligatoires notamment l'exigence du code ISM (le Code international de gestion de la sécurité des navires à terre).

Aussi, pour mieux cerner l'ampleur du phénomène, il serait intéressant de voir sommairement et à titre indicatif ce que le système ISPS instaure et en quoi les Etats ont l'obligation de s'y conformer :

- Les prescriptions fonctionnelles du Code
- Des responsables clairement désignés (ce sont les acteurs de la sûreté)
- L'instauration des niveaux de sûreté
- Des organismes de sûreté reconnus
- Des évaluations de sûreté
- Des plans de sûreté
- Des formations et familiarisations à la sûreté des exercices et entrainements de sûreté
- Des déclarations de sûreté
- Des vérifications pour des navires
- Un certificat international de sûreté du navire
- La déclaration de conformité de l'Installation portuaire
- Des registres de sûreté
- Des spécificités techniques et matérielles comme l'étalonnage du matériel de sûreté (Partie A section IX -§9.4 alinéa 16 et la partie A section X - §10.1 alinéa 10…
-

On peut à ce niveau parler de la gouvernance du système ISPS, puisque plusieurs acteurs de la société civile participent à la mise en place du cadre réglementaire, à son effectivité et à son contrôle (ORS, ASC, ASP etc.)…

A choisir,

Si j'avais un choix à exprimer, je souhaiterais une réadaptation aussi prompte que possible du titre III car :

- le droit international de la sûreté maritime de 2002 devrait être considéré et pensé aujourd'hui par l'ensemble des Etats (c'est le cas dans les pays du Nord, d'Asie et certains pays d'Afrique) et singulièrement dans l'espace CEMAC, **comme un instrument de politique de sûreté maritime et portuaire sous-régionale qui répond aux exigences sécuritaires nées du droit international sus-évoqué d'une part et d'autre part, comme un atout pour la compétitivité des ports de la sous-région** ; dans la mesure où il est évident que le système ISPS est devenu un dispositif pérenne, en ce sens que **c'est le seul instrument international qui traite de la prévention et de la gestion des risques à l'encontre des transports maritimes internationaux**. Ceci pourrait justifier dans un tout autre registre, le silence du législateur international sur le régime de responsabilité du système ISPS.

Toutefois, rappelons-nous que la certification des navires et surtout des ports maritimes dédiés aux transports maritimes internationaux constitue aujourd'hui un sésame, certes chèrement acquis, mais sésame tout de même qui conditionne l'accès au commerce maritime avec les Etats européens et américains. A cet égard d'ailleurs, on a vu la détermination et la rigueur des autorités américaines dans l'application de la réglementation ISPS, quitte à refuser certains navires dans leurs ports et inversement interdire l'entrée de leurs navires dans certains ports dont la réglementation est jugée insuffisante par lesdites autorités.

Nous pensons également que les contraintes ISPS, peut-être pas avec la même rigueur mais avec le même objectif, devraient aussi être des sésames pour les transports maritimes continentaux obligeant ainsi les Etats de la région voire au-delà à maintenir permanemment un degré global de sûreté maritime et portuaire.
Ce qui passe impérativement par une véritable définition et justification des enjeux de sûreté maritime dans l'espace CEMAC.

- Nous le pensons d'autant plus que la Partie A du code ISPS composée de prescriptions obligatoires expose clairement ses enjeux dans la section I- paragraphe 2 que les Etats contractants pourraient reprendre à leur compte parfois en les renforçant, de manière à atteindre certains objectifs bien définis. On l'a vu avec l'UE, les Etats-Unis d'Amérique, et même des pays comme le Liberia, le Mozambique, Djibouti, etc.

- Une véritable politique de sûreté maritime s'impose même doublement au législateur CEMAC car le Code CEMAC est l'instrument juridique de référence dans les territoires des Etats membres du fait de la supériorité du droit communautaire sur les droits nationaux avec son corollaire qui est son applicabilité obligatoire et immédiate dans tous ses éléments. Aussi, les normes nationales doivent-elles s'effacer du fait de la supériorité du droit communautaire sur les droits internes. Or en l'état du titre III du fait de sa carence en termes de transposition et de vision non clairement définie, plusieurs situations sont à craindre notamment :

- o Les distorsions en termes de législation et de concurrence qui peuvent faire voler en éclats, l'objectif substantiel du Code CEMAC à savoir l'uniformisation du droit des activités maritimes dans l'espace CEMAC.

- o Un exemple illustratif est que sans une politique de sûreté portuaire commune clairement définie, un même navire étranger peut se voir refuser l'accès dans un port d'un Etat membre pour non respect des dispositions obligatoires du code ISPS, et avoir accès dans un autre port d'un autre Etat membre qui aura jugé que les conditions d'exploitation dudit navire sont suffisantes au regard du code ISPS. Et là, on ne parlera plus d'harmonisation en ce qui concerne les normes de sûreté et l'objectif du Code CEMAC en matière de sûreté maritime et portuaire s'en trouverait gravement menacé.

Pour conclure (ou alors pour terminer), quelques pistes des enjeux de sûreté maritime et portuaire dans l'espace CEMAC mériteraient d'être mises en évidence :

- La mise en place d'une véritable politique de sûreté maritime et portuaire est une priorité à l'heure actuelle où l'ensemble des ports de la COA sont en concurrence directe avec les pays CEMAC (notamment dans l'attrait des marchés de leurs hinterlands). Aussi, le législateur CEMAC ne saurait-il négliger la sûreté maritime et portuaire quelles qu'en soient les contraintes.

- La politique de sûreté maritime a vocation à être appliquée pleinement.

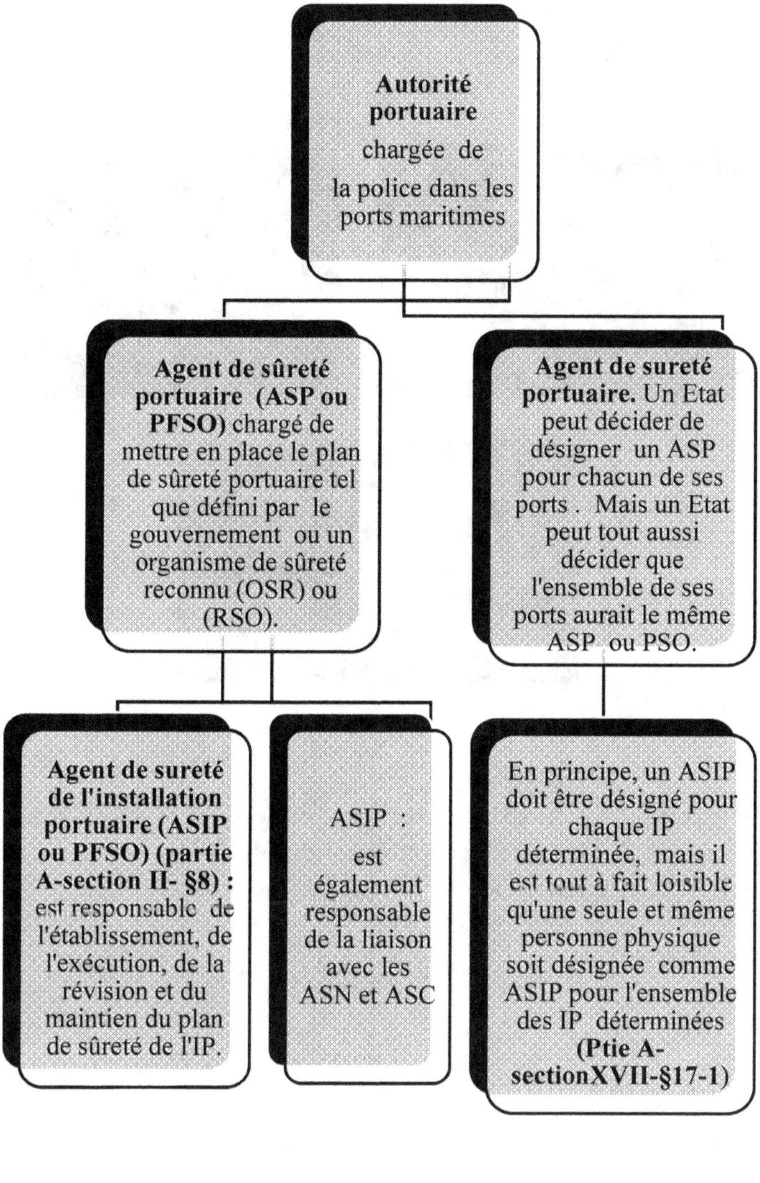
Autorité portuaire chargée de la police dans les ports maritimes
Agent de sûreté portuaire (ASP ou PFSO) chargé de mettre en place le plan de sûreté portuaire tel que défini par le gouvernement ou un organisme de sûreté reconnu (OSR) ou (RSO).
Agent de sureté portuaire. Un Etat peut décider de désigner un ASP pour chacun de ses ports . Mais un Etat peut tout aussi décider que l'ensemble de ses ports aurait le même ASP ou PSO.
Agent de sureté de l'installation portuaire (ASIP ou PFSO) (partie A-section II- §8) : est responsable de l'établissement, de l'exécution, de la révision et du maintien du plan de sûreté de l'IP.
ASIP : est également responsable de la liaison avec les ASN et ASC
En principe, un ASIP doit être désigné pour chaque IP déterminée, mais il est tout à fait loisible qu'une seule et même personne physique soit désignée comme ASIP pour l'ensemble des IP déterminées **(Ptie A-sectionXVII-§17-1)**

ASN

(partie A‾Section II-§ 6) désigne la personne qui se trouve à bord

ASN

ASC

Responsabilités **ASIP (Partie A-section XVII-§17-2).**
Responsabilités **ASN (Partie A- section XII-§2).**
Responsabilités

L'ACTION EN RESPONSABILITE CONTRE L'ENTREPRENEUR DE MANUTENTION

par Maître Elisabeth WAMBO MAGAMGO
Avocate au Barreau du Cameroun
Conseillère à l'ACDM

L'entrepreneur de manutention en droit maritime désigne toute personne physique ou morale qui s'engage à accomplir toutes les opérations de chargement et de déchargement des marchandises y compris les opérations de mise et de reprise sous hangar et sur terre-plein. Il peut également être appelé à accomplir des opérations connexes telles que la réception, la prise en charge et la reconnaissance à terre des marchandises, leur garde et leur livraison.

L'entrepreneur de manutention fait partie des professions auxiliaires du transport maritime.

La convention des Nations Unies sur le transport des marchandises par mer conclue le 31 mars 1978 encore appelée Règles de Hambourg n'a pas légiféré sur la responsabilité de l'entrepreneur de manutention.

En effet cette convention a prévu des dispositions relatives à la responsabilité du transporteur en ses articles 4 à 11 et à celle du chargeur en ses articles 12 et 13.
De même la Convention de Bruxelles du 25 août 1924 pour l'unification de certaines règles en matière de connaissement, modifiée par le protocole du 23 février 1968

et celui du 21 décembre 1979 ne dit mot sur la responsabilité de l'entrepreneur de manutention.

Par contre, le Code de la marine marchande de 2001 avait largement légiféré sur l'entrepreneur de manutention dans ses articles 446 à 449.

Le Code de la marine marchande révisé de 2012 et actuellement applicable a réservé tout un titre aux professions auxiliaires du transport maritime que sont les consignataires, les entrepreneurs de manutention, les transitaires, les entrepreneurs de transport multimodal et les professions auxiliaires au service du navire.

Parler de l'action en responsabilité contre l'entrepreneur de manutention revient à dire quand est-ce que sa responsabilité peut être engagée (I). Comment engager une action en responsabilité contre l'entrepreneur de manutention (II) et jusqu'où s'étend sa responsabilité (III) ;

I- QUAND EST-CE QUE L'ENTREPRENEUR DE MANUTENTION PEUT VOIR SA RESPONSABILITE ENGAGEE

En principe l'entrepreneur de manutention répond des dommages et pertes subies par les marchandises lorsque celles-ci sont sous sa garde.
En effet l'article 630 du Code de la marine marchande dispose expressément que :
"**L'entrepreneur de manutention est responsable des marchandises à partir du moment où il les prend en garde jusqu'au moment où il les remet à la personne habilitée à en prendre livraison ou les met à sa disposition**".

Cependant le législateur CEMAC a voulu créer une distinction dans la responsabilité de l'entrepreneur de manutention selon que ce dernier accomplit les opérations visées par l'article 627 ou lorsqu'il accomplit celles visées par l'article 628 du Code CEMAC ;

Il faut relever que l'article 627 vise les opérations relevant des fonctions primaires de l'entrepreneur de manutention à savoir les opérations de chargement et de déchargement des marchandises, les opérations de mise et de reprise sous hangar et sur terre-plein alors que l'article 628 vise les opérations accomplies par l'entrepreneur de manutention pour le compte du navire, du chargeur ou du réceptionnaire.

L'entrepreneur de manutention est donc responsable des dommages causés par son fait, sa faute ou sa négligence lorsqu'il accomplit les opérations visées par l'article 627[101]. (Cf. art.631 du Code CEMAC) ;

Ce régime de responsabilité obéit d'ailleurs au régime des dispositions des articles 1382 et 1383 du Code civil napoléonien encore applicable au Cameroun.

Dans ce contexte, la présomption d'avoir reçu les marchandises en bon état apparent est opposable à l'entrepreneur de manutention.

Il lui incombe dès lors la charge de prouver par des réserves qu'il aurait émises dans un délai raisonnable comme l'exige l'article 629 du Code CEMAC, lors de la réception des marchandises, que les dommages dont il s'agit sont survenus avant son intervention dans la chaîne.

---

[101] (1) Voir l'article 631 du Code CEMAC

Par contre, lorsque l'entrepreneur de manutention accomplit les opérations visées par l'article 628, il est présumé avoir reçu la marchandise telle qu'elle a été déclarée par le déposant.

Ici l'entrepreneur de manutention répond des dommages et pertes subis par les marchandises pendant que celles-ci sont sous sa garde à condition que la cause ou l'une des causes du dommage soit imputable à sa faute, à celle de ses préposés ou de ses mandataires (responsabilité pour faute, responsabilité du fait des personnes dont on répond).

L'entrepreneur de manutention se trouve dans ce contexte exonéré chaque fois qu'il est établi que les dommages sont causés par des évènements ou circonstances qui lui sont étrangers tels les cas de force majeure;

L'article 631(2) étend davantage les causes d'exonération de la responsabilité de l'entrepreneur de manutention en citant la faute du chargeur dans l'emballage, le conditionnement ou le marquage des marchandises, la faute du destinataire, celle du transporteur ou de leurs préposés ou mandataires.

Dans la pratique, l'entrepreneur de manutention gagnerait à exploiter ces différents cas surtout lorsqu'il intervient pour le compte du navire, du chargeur ou du réceptionnaire.

Il faut relever que les présomptions sus-évoquées dans tous les deux cas ne sont pas irréfragables, elles peuvent être combattues à tout moment par des preuves contraires rapportées par les parties.

L'entrepreneur de manutention qui ne prend pas la peine d'émettre des réserves avant son intervention voit très souvent sa responsabilité engagée.

Cas jurisprudentiel :

- Jugement n°206/bis/civ rendu par le TGI du Wouri-Douala le 23 mai 2012.

Aff. BMC SARL c/ Sté IMEC S.A. et Sté DIT S.A. ici la responsabilité du transporteur a été écartée au détriment de celle de l'entrepreneur de manutention parce que ce dernier n'avait pas émis des réserves lors de son intervention.

Dans d'autres cas, tel le jugement n°477/COM rendu le 24 Octobre 2016 par le T.G.I. du Wouri-Douala, la responsabilité du dommage est déclarée solidaire à tous les intervenants de la chaîne.

Personne n'ayant pris la peine d'émettre des réserves avant d'accomplir sa mission.

Le tribunal a mis hors de cause le PAD et a condamné solidairement la société MAERSK, la société DIT et la société G4S SECURITY au paiement des dommages intérêts aux Ets SAITOUT.

L'entrepreneur de manutention gagnerait à émettre des réserves systématiquement sur l'état des marchandises qu'il reçoit (conteneur cabossé, conteneur troué, voiture cabossée, vitres cassées, portières forcées, rupture ou inexistence du plomb d'origine...) ce conformément aux dispositions de l'article 629 (1) b du code CEMAC surtout que l'article 560 du Code CEMAC confère au transporteur la présomption d'avoir livré les marchandises telles que décrites dans les données du contrat en l'absence de preuve contraire.

Malheureusement sur le terrain, ce sont des ouvriers simples exécutants sans formation qui sont appelés à effectuer les manutentions.

L'entrepreneur de manutention peut aussi voir sa responsabilité engagée pour rétention sans droit des marchandises.

Il est vrai que l'article 637 du Code CEMAC lui confère le droit de retenir les marchandises pour les frais et les créances exigibles liés aux services relatifs au transport qu'il a exécutés.

Ce droit de rétention doit s'exercer dans le strict respect des 4 alinéas de l'article 637 au risque d'engager la responsabilité de l'entrepreneur de manutention.

Cas jurisprudentiels :

- Arrêt n°185/REF rendu par la Cour d'Appel du Littoral le 14 septembre 2015.
Aff. : Sté DIT SA. C/Sté 3N PHARMA Sarl.

Cet arrêt confirme l'ordonnance de référé d'heure à heure n°198 rendue par le Président du TPI. Douala-Bonanjo lequel avait ordonné la restitution sous astreinte de 25 000 FCFA par jour de retard des marchandises retenues abusivement par l'entrepreneur de manutention.

- Arrêt n°021/Réf. rendu par la Cour d'Appel du Littoral le 13 janvier 2016 dans l'affaire DIT C/ ETNESS Sarl.

Il faut relever que l'article 637 sus visé va en droite ligne avec les articles 67 et 68 de l'Acte Uniforme OHADA portant organisation des sûretés en ce qu'ils reconnaissent au créancier le droit de rétention d'un bien mobilier de son débiteur jusqu'à complet paiement de ce qui lui est du indépendamment de toute autre sûreté, s'il existe un lien de connexité entre la naissance de la créance et la détention de la chose retenue.

II- COMMENT ENGAGER UNE ACTION EN RESPONSABILITÉ CONTRE L'ENTREPRENEUR DE MANUTENTION

Ici nous parlerons des délais pour exercer une action contre l'entrepreneur de manutention (A) et de la procédure à suivre (B).

A- Sur les délais

Les propriétaires des marchandises ayant subi un dommage disposent d'un délai de deux ans à compter du jour où les marchandises ont été livrées par le transporteur ou lorsqu'elles n'ont pas été livrées ou ne l'ont été que partiellement, à partir du dernier mois où elles auraient dû être livrées[102].

Il s'agit des mêmes délais pour toute action dirigée contre tout intervenant dans la chaîne du transport maritime.

En effet, l'article 633 du Code CEMAC renvoie aux dispositions des articles 561, 562 et 563 lesquelles traitent la responsabilité du transporteur, des parties exécutantes et du chargeur.

L'article 562 dit expressément que :

---

[102] (Cf. article 633 code CEMAC).

« Le délai biennal ne peut être ni suspendu ni interrompu ».
La seule possibilité offerte par le Code CEMAC pour rallonger ce délai biennal est la prorogation. Celle-ci n'est possible que lorsqu'une personne à qui une réclamation est adressée décide pendant le cours du délai de proroger le délai.
Cette prorogation de délai doit se faire par une déclaration adressée à l'ayant droit pendant le cours du délai biennal. Elle peut se faire plusieurs fois[103].

Le non-respect de ce délai biennal entraine la caducité de la demande.
Cf. Arrêt civil commercial rendu le 4/12/2014 par la Cour d'Appel de Rouen. Affaire DIT C/ M.GG et autres. Cet arrêt a déclaré l'ayant droit forclos de sa demande contre DIT en application de l'article 440(2) du Code CEMAC ancien.
Mais il se pose un problème celui de savoir si les causes interruptives des délais prévues par le Code civil en ses articles 1142 et suivants peuvent être évoquées en droit maritime alors même qu'il est constant que les règles spéciales dérogent aux règles générales selon la maxime « SPECIALIA GENELIBUS DEROGANT ».

Certaines jurisprudences camerounaises sont allées à l'encontre de l'article 562 du Code CEMAC.

Cas jurisprudentiel :

- Jugement n°206 bis/civ du 18/6/2010 rendu par le T.P.I. de Bonanjo-Douala Affaire BMC c/ IMEC, GETMA et DIT.

---

[103](Art. 562 code CEMAC).

Le tribunal pour déclarer la demande de la société BMC recevable a relevé que la saisine préalable du juge des référés le 16/10/2009 a interrompu la prescription conformément aux dispositions de l'article 2246 du code civil.

B-Sur la procédure

L'article 634(1) du Code CEMAC dispose expressément que : « En matière internationale, les opérations de manutention et d'acconage sont soumises à la loi du port où elles sont effectuées ».

Dès lors, tous les ayants droit se doivent de s'arrimer aux lois nationales du port où les opérations de manutention et d'acconage sont effectuées.

Le législateur CEMAC a offert un éventail de choix aux ayants droit sur la compétence territoriale des juridictions à saisir. Soit le tribunal dans le ressort duquel se trouve le domicile de l'entrepreneur de manutention (siège social si personne morale), soit le tribunal dans le ressort duquel se trouve le port où l'entrepreneur de manutention reçoit les marchandises, le port où il les livre ou le port où il réalise ses opérations[104].

Le législateur CEMAC a également laissé la possibilité aux litigants de choisir de concert tout tribunal compétent pour connaître leur litige[105].

---

[104] (Cf. article 634)
[105](Art. 568)

III- L'ÉTENDUE DE LA RESPONSABILITÉ DE L'ENTREPRENEUR DE MANUTENTION

L'entrepreneur de manutention bénéficie des mêmes limites de responsabilité que le transporteur[106]. Ces conditions et limites sont régies par les articles 552 à 555 du Code CEMAC.

En effet l'article 552 du Code CEMAC limite la responsabilité du transporteur et partant de l'entrepreneur de manutention pour manquement aux obligations lui incombant à 875 droits de tirage spéciaux par colis ou autre unité de chargement ou à 3 droits de tirage spéciaux par kilogramme de poids brut des marchandises objet de la réclamation ou du litige.
Cette limite n'est plus valable lorsque la valeur des marchandises a été déclarée par le chargeur et figure dans les données du contrat ou lorsqu'un montant supérieur à la limite de responsabilité a été convenu entre le transporteur et le chargeur.

Il faut relever par ailleurs que le législateur CEMAC a exclu du champ de ce bénéfice de limite de responsabilité tout transporteur ou entrepreneur de manutention qui :

- Soit a commis l'acte incriminé avec l'intention de causer un préjudice ou à poser un acte téméraire et avec conscience que ce préjudice en résulterait probablement ;

- Soit a causé un retard dans la livraison avec l'intention expresse de causer un préjudice aux ayants droit[107].

---

[106](Cf. art. 632)
[107](Cf. art.555)

Il revient dans de tels cas aux ayants droit de rapporter la preuve de la mauvaise foi du transporteur ou de l'entrepreneur de manutention. Dans la pratique les juges se bornent souvent à accorder aux ayants droit les montants évalués par les experts alors que ceux-ci ne tiennent pas compte des limites de responsabilité prévues par le Code CEMAC.

Il faut également relever que l'entrepreneur de manutention ne peut pas, même avec une clause contenue dans un contrat ou par tout document signé et émis par lui :

- Se soustraire à la responsabilité définie à l'article 631 ;

- Renverser le fardeau de la preuve qui lui incombe en vertu des dispositions du Code CEMAC ;

- Limiter sa responsabilité à une somme inférieure à celle fixée en application de l'article 632 ;

- Bénéficier d'une assurance de la marchandise ;

Toute clause ou tout document émis dans ce sens est nul et de nul effet.

CONCLUSION

Toutes les parties prenantes en la matière gagneraient à s'imprégner et à s'approprier davantage des dispositions du Code CEMAC et partant de tous les instruments internationaux régissant la matière.

D'où l'importance des colloques et séminaires de cette nature qui nous permettent de promouvoir et vulgariser notre précieux instrument sous-régional qu'est le code de la marine marchande CEMAC, mais aussi d'échanger nos expériences pratiques et les difficultés rencontrées dans la pratique.

LA SAISIE CONSERVATOIRE DE NAVIRES

par Maître Roland BEMBELLY
Docteur en droit, Avocat à la Cour,
Cabinet d'avocats GOMES.

TENTATIVE D'INTRODUCTION

En droit maritime, « deux techniques permettent l'immobilisation juridique du navire : la saisie conservatoire d'un côté, la saisie exécution de l'autre »[108].

Il sera ici question uniquement de la saisie conservatoire, la saisie exécution sera traitée après mon exposé, par un autre intervenant.

Quelques définitions :
Une créance maritime au sens de la Convention de 1952 signifie l'allégation d'un droit ou d'une créance ;

La saisie signifie l'immobilisation d'un navire avec l'autorisation de l'autorité judiciaire compétente pour garantir d'une créance maritime ;

Selon le lexique des termes juridiques, un navire est un « bâtiment destiné à la navigation maritime et soumis à une immatriculation ».
La saisie conservatoire de navire revêt une importance pratique indéniable ;

[108] Arnaud Montas, Droit Maritime, Vuibert, 2011, pages 79 à 81 ;

Importance pratique : la saisie conservatoire est une institution que les praticiens de droit et les experts maritimes se servent de plus en plus. De nos jours, avec la présence du Port autonome de Pointe-Noire, la technique de la saisie conservatoire est devenue une arme juridique qui permet aux créanciers d'arriver au bout des débiteurs récalcitrants.

La procédure de saisie conservatoire au Congo obéit en principe aux règles de la loi du for de la saisie. La loi congolaise en question est le Code communautaire de la marine marchande en ses articles.

En effet, il convient à ce stade de noter l'existence de la Convention de 1999 sur la saisie conservatoire qui est entrée en vigueur et dont les dispositions s'appliquent au Congo[109]. En effet, entrée en vigueur le 14 septembre 2011, elle introduit des changements notables de la très populaire Convention de 1952.

De manière significative, la liste des créances, causes de la saisie a été élargie : si dans la convention de 1952, il existait 17 catégories de créances, la nouvelle convention élargie la liste à 22 catégories, le « prêt à la grosse » a été retiré et 6 catégories nouvelles ont été introduites notamment le dommage ou menace à l'environnement, l'enlèvement des épaves, commissions impayées, de courtage et les frais d'agence, différends découlant de contrats de vente de navire, les primes d'assurances impayées et les droits et redevances de port, de canal, de bassin, de mouillage et d'autres voies navigables.
Enfin, elle introduit l'option d'arrêter plusieurs navires afin de compléter la garantie d'une créance maritime.

[109] Le Congo a ratifié la Convention de 1999.

Dans l'arsenal juridique des textes applicables au Congo, la saisie conservatoire de navires est pratiquée suivant les règles du Code communautaire de la marine marchande.

Mais la loi OHADA portant procédures simplifiées et voies d'exécution est venue troubler les règles de procédure de la saisie conservatoire de navires obligeant le juge congolais à chercher sans cesse une coexistence entre les notions OHADA et les normes du Code communautaire de la marine marchande.

Après 5 ans d'application du Code communautaire, l'examen de quelques décisions de justice (CONGO) permet d'établir un bilan moins glorieux de la manière dont ces textes doivent être combinés ;

Il convient d'analyser, tour à tour, les conditions d'exercice de la saisie (I), les règles spéciales de procédure (II) et les effets de la saisie (III).

I-CONDITIONS D'EXERCICE DE LA SAISIE

Nous étudierons les causes de la saisie (A) d'une part et, d'autre part, les navires saisissables (B).

A- Les causes de la saisie

En vertu de l'article 150 alinéa 2 du Code communautaire de la marine marchande, le juge congolais est appelé à vérifier la qualité de la créance. En effet, la saisie est accordée « … dès lors qu'il est justifié d'une créance maritime paraissant fondée dans son principe ». Qu'est-ce qu'une créance maritime ? Le Code apporte un premier élément de réponse dans son article 149. Il sied de noter que la créance maritime est une créance qui n'est partiellement maritime. Les exigences des textes OHADA fondées sur une créance liquide, certaine et exigible ne sont pas celles que retient le législateur communautaire.

Selon l'article 149 du Code communautaire de la marine marchande :

« Les créances maritimes pouvant donner lieu à la saisie d'un navire sont celles qui résultent d'une ou de plusieurs des causes ci-après, **étant précisé qu'est assimilée à la créance maritime une créance qui n'est que partiellement maritime** :

a) pertes ou dommages causés par l'exploitation du navire ;

b) mort ou lésions corporelles survenant, sur terre ou sur eau, en relation directe avec l'exploitation du navire ;

c) opération de sauvetage ou d'assistance, ainsi que tout contrat de sauvetage ou d'assistance, y compris le cas échéant, pour indemnité spéciale concernant des opérations de sauvetage ou d'assistance à l'égard d'un navire qui, par lui-même ou par sa cargaison, menaçait de causer des dommages à l'environnement ;

d) dommages causés ou risquant d'être causés par le navire au milieu, au littoral ou à des intérêts connexes ; mesures prises pour prévenir, réduire ou éliminer ces dommages ; indemnisation de ces dommages ; coût des mesures raisonnables de remise en état du milieu qui ont été effectivement prises ou qui le seront ; pertes subies ou risquant d'être subies par des tiers en rapport avec ces dommages ; et dommages, coûts et pertes de nature similaire à ceux qui sont indiqués dans le présent alinéa 4) ;

e) frais et dépenses relatifs au relèvement, à l'enlèvement, à la récupération, à la destruction ou à la neutralisation d'un navire coulé, naufragé, échoué ou abandonné, y compris tout ce qui se trouve ou se trouvait à bord de ce navire, et frais et dépenses relatifs à la conservation d'un navire abandonné et à l'entretien de son équipage ;

f) tout contrat relatif à l'utilisation ou la location du navire par affrètement ou autrement ;

g) tout contrat relatif au transport de marchandises ou de passagers par le navire, par affrètement ou par le navire ;

h) pertes ou dommages subis par, ou en relation avec, les biens, y compris les bagages, transportés par le navire ;

i) avarie commune ;

j) remorquage ou pilotage d'un navire ;

k) marchandises, matériels, approvisionnements, soutes, équipements, y compris conteneurs, fournis ou services rendus au navire pour son exploitation, sa gestion, sa conservation ou son entretien ;

l) construction, reconstruction, réparation, transformation ou équipement du navire ;

m) droits et redevances du port de canal, de bassin, de mouillage et d'autres voies navigables ;

n) gages et autres sommes dues au capitaine, aux officiers et autres membres du personnel de bord, en vertu de leur engagement à bord du navire, y compris les frais de rapatriement et les cotisations d'assurance sociale payables pour leur compte ;

o) paiements effectués pour le compte du navire ou de ses propriétaires ;

p) primes d'assurance, y compris cotisations d'assurance mutuelle, en relation avec le navire, payables par le propriétaire du navire ou par l'affréteur en dévolution ou pour leur compte ;

q) frais d'agence ou commissions de courtage ou autres en relation avec le navire, payables par le propriétaire du navire ou par l'affréteur en dévolution ou pour leur compte ;

r) tout litige quant à la propriété ou à la possession du navire ;

s) tout litige entre les copropriétaires du navire au sujet de l'exploitation ou des droits aux produits d'exploitation de ce navire ;

t) hypothèque, « mort-gage » ou droit de même nature sur le navire ;

u) tout litige découlant d'un contrat de vente du navire**...** **».**

Aux yeux du Code Communautaire de la marine marchande, une créance donnera lieu à saisie si elle figure dans l'article 149 du Code Communautaire et sera refusée si elle n'y figure pas. **C'est donc une créance née de l'exploitation ou de l'usage du navire.**
Il est à noter que la Convention de Bruxelles admet la saisie conservatoire que pour les créanciers bénéficiant d'une créance maritime c'est-à-dire une créance portant sur la

propriété ou l'exploitation du navire[110]. Donc au sens de la Convention, une simple allégation de créance est suffisante pour faire asseoir une demande de saisie conservatoire.

Dans le vaste chantier de l'application du code communautaire de la marine marchande, le juge congolais n'est pas resté en marge de l'évolution du droit.

Plusieurs décisions peuvent être citées, mais une retiendra notre attention.

Le Président du Tribunal de Commerce de Pointe-Noire, dans une affaire Sté LOCA Contre la Sté MAMOLINO a ordonné le 21 février 2013, qu'au vu des pièces jointes, notamment copie du contrat de construction de navire, lettre de garantie de Mamola au profit de LOCA, sommation de payer du 02 décembre 2012, suivant exploit d'un Huissier de justice en résidence à Genève, l'autorisation préalable de pratiquer une saisie conservatoire de navire ;

Dans la même affaire, il résulta desdites pièces que la créance de 1 milliard dont se prévaut la société LOCA à l'égard de la société MAMOLINO paraît fondée en son principe et que la récalcitrante au paiement de la débitrice est de nature à en menacer le recouvrement ;

Dès lors, il convient de prendre des mesures conservatoires afin de garantir ledit paiement.

La lecture que nous pouvons faire du Code communautaire de la marine marchande n'évoque pas la menace de recouvrement de la créance maritime alors que le juge

[110] Arnaud Montas, Droit Maritime, op.cit, page 80.

congolais considère cette menace comme l'une des conditions de la saisie conservatoire.

Malheureusement un an après l'entrée en vigueur du Code communautaire de la marine marchande, le juge commercial fait une application assez mécanique à la fois des normes OHADA et celles du Code communautaire mais n'indique pas clairement dans son ordonnance que nous sommes en face d'une créance maritime puisqu'elle porte sur la construction d'un navire.

La saisie conservatoire ne peut porter sur tout navire.

B - Les navires saisissables

En principe, le droit communautaire de la marine marchande admet la saisie de tout navire. « La saisie peut être pratiquée soit sur le navire auquel la créance se rapporte, soit sur tout autre navire appartenant à celui qui était, au moment où est née la créance maritime, propriétaire du navire auquel cette créance se rapporte ».

Par conséquent, sont exclus des opérations de saisie les navires appartenant à un Etat, ou exploités par lui, si au moment où la créance était née, les navires étaient affectés exclusivement à un service gouvernemental et non commercial (article 144 alinéa 2 du code communautaire de la marine marchande).

Le Code civil français, qui s'applique encore au Congo, permet sur le fondement de l'article 2093 de saisir le navire appartenant à un débiteur ; ce qui est une conception assez large comparée aux dispositions du Code communautaire de la marine marchande. Comment dès lors faire coïncider les deux dispositions, code civil et code communautaire ? Étant donné la suprématie du droit communautaire, ses règles s'imposent face à une disposition du droit interne.

Le principe selon lequel les navires appartenant à l'Etat sont insaisissables découle de l'application de la Convention de 1926 concernant l'immunité dont bénéficient les navires d'Etat. Cela implique que le principe de la saisie s'applique aux navires commerciaux appartenant à un Etat.

Article 144 alinéa 2: Les navires appartenant à un Etat, ou exploités par lui, ne peuvent être saisis si, au moment où la créance est née, ils étaient affectés exclusivement à un service gouvernemental et non commercial.

Il résulte des recherches effectuées que le juge congolais n'a pas eu à trancher la question de la saisie d'un navire appartenant ou non à un Etat.

La saisie conservatoire de navire obéit à des règles de procédures spéciales qui dérogent souvent des normes de la saisie en matière OHADA.

II-LES REGLES SPECIALES DE PROCEDURE

A- Le juge compétent

En droit communautaire, selon l'article 150 du Code communautaire de la marine marchande, la saisie conservatoire est autorisée par ordonnance rendue sur requête par le juge compétent après avis de l'autorité maritime compétente; il peut s'agir du juge commercial ou du juge civil suivant la qualité du créancier saisissant ou du défendeur (personne morale, physique, société commerciale ou autre).

Le texte communautaire n'indique pas quel est le juge territorialement compétent. En pratique, la saisie est pratiquée sur le lieu où se trouve le navire c'est-à-dire où le navire est amarré. Pour un navire se trouvant dans le Port Autonome de Pointe-Noire, le tribunal de commerce sera compétent.

Il découle des dispositions du CCMM, une sorte de compétente territoriale du lieu d'escale du navire au Congo. Cela résulte de la pratique de nos juridictions.

En fait, la saisie est pratiquée entre les mains du capitaine du navire par un huissier de justice qui en dresse procès-verbal (article 152 et suivants du CCMM).

Les articles 152 et suivants énoncent : ***Copie du procès-verbal est notifiée au commandant du port, à l'autorité maritime compétente, au consul de l'Etat du pavillon ou, à défaut, au consignataire du navire.***

1. L'huissier énonce dans son procès-verbal :

- Les noms, profession et domicile du créancier pour qui il agit ;

- La décision judiciaire autorisant la saisie ;

- Le montant de la créance justifiant la saisie ;

- La date du commandement de payer ;

- L'élection de domicile faite par le créancier dans le lieu où siège l'autorité judiciaire compétente, et dans le lieu où le navire est amarré ;

- Les nom et adresse du propriétaire du navire ;

- Les noms, catégorie, tonnage et nationalité du navire.

2. Il est fait énonciation et description, dans le procès-verbal, des chaloupes, canots, agrès et apparaux du navire, ainsi que de ses provisions et soutes.

3. Si le navire saisi bat pavillon d'un Etat membre, le procès-verbal de saisi est inscrit sur le registre tenu par l'autorité maritime compétente et sur lequel le navire est immatriculé. Cette inscription est requise dans un délai de sept jours à compter de la date du procès-verbal. Ce délai est augmenté de vingt jours si le lieu de la saisie et le lieu où le registre des immatriculations est tenu ne sont pas situés dans le même Etat de la CEMAC.

Dans ce cas, le propriétaire du navire peut saisir le juge des référés (juge de l'urgence et de l'évidence) aux fins de rétractation de l'ordonnance de saisie. Il peut aussi solliciter du juge une autorisation d'appareillage du navire dans les conditions suivantes :

- Fournir une garantie d'un montant suffisant et sous une forme satisfaisante ;

- Si les parties ne s'accordent pas sur l'importance et la forme de la garantie, le juge en détermine la nature et le montant ; ce dernier ne pourra excéder la valeur du navire saisi ;

- Cela ne constitue pas une reconnaissance de responsabilité ni comme une renonciation à toute défense ou tout droit de limiter la responsabilité ;

- Toute personne peut demander au juge de réduire, modifier ou annuler cette garantie si elle rapporte la preuve que celle-ci est manifestement excessive ou n'était pas appropriée ou injustifiée (créance inexistante) (Articles 146 du CCMM).

Aux termes de l'article 147 ***« Lorsqu'il accorde l'autorisation d'effectuer des voyages, le juge des référés visé au paragraphe 1er de l'article 146,…, fixe le délai dans lequel le navire devra regagner le port de la saisie. Il peut ultérieurement modifier ce délai pour tenir compte des circonstances et, le cas échéant, autoriser le navire à faire de nouveaux voyages.***

4. Si à l'expiration du délai fixé, le navire n'a pas rejoint son port, la somme déposée en garantie est acquise de plein droit aux créanciers, sauf le jeu de l'assurance en cas de sinistres couverts par la police ».

En effet, lorsque le juge autorise la saisie du navire, l'autorité maritime est notifiée et cette dernière émet à son tour l'interdiction d'appareiller et en assure l'application. Cela peut passer pour l'autorité à la « rétention » des documents du bord afin d'en assurer l'immobilisation du navire[111].

Au cours des années 2009, 2010, 2011 et 2012, le juge congolais, par ignorance ou méconnaissance du Code communautaire de la marine marchande a eu, dans le

[111] Il faut compter au moins 1 million de F CFA comme frais à déposer à la Direction de la marine marchande.

cadre des saisies conservatoires de navire, oublié de faire application des dispositions communautaires au profit des règles OHADA notamment les dispositions des articles 54 et suivants en matière de saisie conservatoire de navires.

Dans plusieurs décisions antérieures, le fondement de la saisie fut **l'article 54 de L'AUPSRVE** qui prévoit clairement que : ***« Toute personne dont la créance paraît fondée en son principe peut, par requête, solliciter de la juridiction compétente du domicile ou du lieu où demeure le débiteur, l'autoriser à pratiquer une saisie conservatoire sur tous les biens mobiliers corporels ou incorporels de son débiteur, sans commandement préalable, si elle justifie de circonstances de nature à en menacer le recouvrement »***.

Par ailleurs, de nombreuses décisions posent le principe du juge compétent en matière de saisie de navire. **Le Président du Tribunal de Commerce de Pointe-Noire, dans une ordonnance rendue le 25 avril 2013 a posé le principe de sa compétence en cas de saisie d'un navire en ces termes, et cela dans une affaire Sté AFRICAINE Contre le Navire MV** ;

Ainsi, le juge a rendu une autorisation préalable de saisie conservatoire de navire qui demeure la première opération ou un cas d'ouverture de la saisie d'un navire ; Sur la base d'une simple facture, d'une autorisation spéciale d'importation n°0605, de la lettre du 16 avril 2013 et du BL du 21 février 2013, le juge a autorisé la saisie par voie d'ordonnance rendue sur pied de requête ;

Les fondements des ordonnances sur pied de requête sont les articles 219 à 227 du Code de procédure civile commerciale administrative et financière ; les ordonnances sont motivées et exécutoires sur minute ; elles peuvent être modifiées ou rétractées.

Donc, c'est la voie choisie par le législateur communautaire d'ordonner la saisie conservatoire des navires.

Dans les **affaires suivantes**, fidèle à l'interprétation des dispositions du code communautaire de la marine marchande, le juge congolais a rendu des ordonnances portant autorisation préalable de saisie conservatoire d'un navire :

Tribunal de commerce de Pointe-Noire, Affaire D2S SHIP Contre Sté EMAS le 08 mai 2017 ;

Tribunal de commerce de Pointe-Noire, Affaire SODEX/Sté PROMAR le 15 mai 2017 ;

Tribunal de commerce de Pointe-Noire, Affaire COTRANS Conte Sté BOSKALIS le 09 février 2017 ;

Tribunal de commerce de Pointe-Noire, Affaire Sté PRIDE Contre Sté MICO le 1er mars 2017[112].

Cela dit, aucune saisie ne pourra se faire sans l'intervention de l'autorité maritime compétente.

B-L'intervention de l'autorité maritime

L'intervention de l'autorité maritime est prévue par les articles 146, 147, 148 et 154 du Code communautaire de la marine marchande.

[112] Pour des raisons de confidentialité, les noms des sociétés ont subi quelques modifications.

Qui est l'autorité maritime compétente ? Il s'agit du Ministre en charge de la marine marchande ou le Directeur de la Marine Marchande ou tout autre fonctionnaire auquel le Ministre a délégué tout ou partie de ses pouvoirs (Article 2 alinéa 11 du Code communautaire de la marine marchande).

En effet, lorsque le juge autorise la saisie du navire, l'autorité maritime est notifiée et cette dernière émet à son tour l'interdiction d'appareiller et en assure l'application. Cela peut passer pour l'autorité à la « rétention » des documents du bord afin d'en assurer l'immobilisation du navire.

Le juge des référés a aussi l'obligation de recueillir l'avis de l'autorité maritime lorsqu'il s'apprête à autoriser le départ du navire pour un ou plusieurs navires déterminés.

En matière de saisie de navire, l'avis de l'autorité maritime a un caractère consultatif et ne lie pas, en droit, le juge.

Plus précisément, au sujet de l'intervention de l'autorité maritime, dans **les deux décisions rendues sur pied de requête, exposées ci-haut[113],** le Président du Tribunal de commerce, juge des requêtes, avait dans son dossier pour la première affaire, une lettre du Directeur de la marine marchande en date du 13 février 2013 et dans le second, il n'avait pas visé un quelconque courrier, mais il a autorisé en **« outre le créancier saisissant à obtenir de l'autorité compétente les documents maritimes dudit navire, notamment l'interdiction d'appareiller »**.

[113] TC, 25 avril 2013 et TC 21 février 2013.

En cas de saisie, selon l'article 154 du CCMM, l'autorité maritime compétente est constituée gardien du navire saisi et, dans l'accomplissement de son mandat rémunéré, elle assume une obligation de moyen.

Par ailleurs, il est de jurisprudence constante que dans plusieurs décisions ordonnant l'autorisation préalable de saisie conservatoire de navire[114], le juge commercial non seulement autorisé le créancier saisissant à obtenir de l'autorité maritime compétente les documents du navire mais a autorisé « enfin la marine marchande et le Port Autonome de Pointe-Noire à mettre au besoin le navire en rade au Port jusqu'à l'aboutissement de la procédure » ; ainsi, l'implication de l'autorité maritime ne va sans dire.

En pratique, au Congo, le rôle de l'autorité maritime est certes reconnu mais le juge n'accorde pas à celle-ci son véritable rôle dans la procédure de saisie conservatoire de navire. Nous ne pouvons que le déplorer.

III- EFFETS DE LA SAISIE

La saisie conservatoire de navire permet malgré tout de préserver les droits du propriétaire du navire.

A- La sauvegarde des droits du propriétaire

La saisie conservatoire ne porte pas atteinte aux droits du propriétaire (article 151 du Code communautaire de la marine marchande). Elle permet simplement d'empêcher le navire d'appareiller et permet ainsi la préservation des droits du créancier. La saisie ne touchera pas au fond les droits du propriétaire du navire : ce dernier peut vendre, fréter ou hypothéquer son navire.

---

[114] TC du 8 et 9 mai 2017, Pointe-Noire, CONGO.

Cette solution a été retenue également par le droit marocain[115].

En réalité, le débiteur cherchera à obtenir une mainlevée (B) et le créancier, tentera d'obtenir un jugement au fond (C).

B- La mainlevée de la saisie

En pratique, la demande de mainlevée est de la compétence du juge qui a ordonné la mesure.

L'article 151 alinéa 2 et 3 du Code CEMAC dispose :

« Le juge saisi de l'instance au fond peut, en tout état de procédure, ordonner mainlevée de la saisie conservatoire du navire, ce même si l'ordonnance autorisant la saisie n'a pas été rétractée par le juge des référés, notamment s'il est avéré que la créance fondant la saisie est hypothétique ou infondée. La décision ordonnant cette mainlevée doit être motivée ».

Il faut cependant souligner qu'en droit processuel au Congo, la demande de main levée est sollicitée devant le juge des référés et non devant le juge de fond. Autrement dit, c'est pas le juge saisi de l'instance au fond qui ordonne la mainlevée.

L'ordonnance rendue par le juge des référés est exécutoire sur minute ; elle s'applique et la seule possibilité qui pourrait être offerte à la partie qui a succombé est de faire une procédure aux fins de défense à exécution conformément à l'article 86 du Code de procédure civile. L'appel de

---

[115] CHERKAOUI, Le Droit Maritime Marocain et comparé, page129 et suivants.

l'ordonnance est possible mais demeure moins efficace face à l'urgence.

Article 156 : Tout propriétaire de navire saisi, qui aura obtenu la mainlevée ou la rétraction de la saisie, pourra assigner le saisissant en réparation du préjudice subi du fait de l'immobilisation du navire, s'il est avéré que la saisie était injustifiée.

Dans une affaire récente, **Affaire Sté MICRO Contre PRIDE en date du 14 avril 2017,** le Tribunal de commerce de Pointe-Noire a eu à se prononcer sur la rétractation d'une ordonnance rendue par le Président prise sous le rôle commercial le 01 mars 2017.

Le juge commercial a maintenu en toutes ses dispositions son ordonnance.

Les moyens soulevés par la société PRIDE étaient les suivants : l'exception d'appel en cause du ministère public (la procédure en cours concerne l'ordre public et nécessitait par voie de conséquence l'intervention du ministère public), la caducité de la requête de la société MICRO (parce que la procédure de mise en vente du navire était engagée) ; une fin de non-recevoir fondée sur l'article 153 du Code communautaire qui prévoit que le capitaine du navire saisi ne peut se pourvoir devant le juge des référés en rétractation de l'ordonnance de saisie que si la notification de la saisie a été faite au Capitaine du navire saisi.

Que le juge a rejeté ces moyens parce qu'aucune disposition légale ne prévoit cette caducité et, la mise en cause du ministère public n'est pas dictée par une partie au procès mais relève du pouvoir souverain du juge. Que sur la fin de non-recevoir le juge a estimé qu'il ressort de l'acte de notification et de remise, dressé le 04 avril 2017 que la saisie du navire a été notifiée à Monsieur PIETRO, Commandant du navire ; Que ce moyen sera également rejeté.

Que dans cette procédure, la société MICRO a allégué que le juge des requêtes avait rendu son ordonnance sans avoir obtenu l'avis de l'autorité maritime compétente conformément à l'article 150 alinéa 1 du Code communautaire de la marine marchande. Sur ce dernier point, le juge a motivé sa décision en affirmant que même s'il avait connaissance de cette disposition, il ne pouvait s'empêcher d'autoriser la saisie du navire.

Cette dernière motivation est critiquable car nous sommes en face d'une disposition du Code communautaire de la marine marchande qui doit être respectée.

Si la mainlevée est ordonnée, le navire pourra quitter les côtes congolaises. A défaut, le créancier saisissant va accroître la pression sur son débiteur afin qu'il soit payé. Il cherchera dans ce cas, à obtenir un titre exécutoire.

C-La décision au fond : l'obtention d'un titre exécutoire

Elle est prévue par l'article 155 du Code communautaire de la marine marchande.

En effet, la décision au fond permettra d'obtenir un titre exécutoire pour le débiteur en vue de passer à la phase de la saisie exécution et à la vente judiciaire du navire.
Le créancier aura un délai d'un mois afin d'introduire une procédure pour obtenir un titre exécutoire ; la sanction des formalités demeure la caducité. Elle sanctionne le défaut de diligence du créancier et cette sanction est à éviter en

raison de son automaticité et de la gravité de ses conséquences : restitution de la lettre de garantie, il n'y a plus de saisie du fait de la mainlevée.

L'article 61 de L'AUPRCVE prévoit à son **article 61** que : ***« si ce n'est dans le cas où la saisie est pratiquée avec un titre exécutoire, le créancier doit dans le mois qui suit la dite saisie, à peine de caducité, introduire une procédure ou accomplir les formalités nécessaires à l'obtention d'un titre exécutoire ».***

En guise de conclusion, la saisie conservatoire de navires au Congo qui oscille entre les règles OHADA et les règles du Code communautaire de la marine marchande cherchent son port d'attache. Il reste à espérer que le juge congolais, qui a commencé de le faire, jouera jusqu'à clarification totale son rôle de capitaine du contentieux maritime.

QUELQUES ELEMENTS DE BIBLIOGRAPHIE

- Cécile NAVARRE-LAROCHE, la saisie conservatoire des navires en droit français, éditions Moreux, 2001 ;

- Arnaud MONTAS, Droit Maritime, Dyna Sup De Droit, Vuibert, 2011 ;

- Hassania CHERKAOUI, LE DROIT MARITIME, marocain et comparé, Préface de Pierre BONASSIES, A.M.D.M.A.

- Code communautaire de la marine marchande 2012 ;

- Texte original, Convention internationale pour l'unification de certaines règles sur la saisie conservatoire des navires de mer, Conclue à Bruxelles, le 10 mai 1952 ;

- CADIET et BRAJEUX, La procédure de saisie conservatoire de navires entre droit commun et règles spéciales ;

- Ebenezer KENGUEP, La procédure de saisie conservatoire des navires : le chemin de croix des justiciables camerounais, Revue de l'Ersuma, Droit des Affaires, n°6, Janvier 2016, Etudes ;

- OHADA, Traité et actes uniformes, Commentés et annotés, Juriscope, 2016, plus précisément Acte Uniforme du 10 avril 1998 portant organisation des procédures simplifiées de recouvrement et des voies d'exécution, JO OHADA n°6, 01/06/1998, page 1 et suivants.

- OHADA, Code Bleu, Textes annotés, JURIAFRICA, édition 2014 ;

- Eric DIBAS-FRANCK, Commentaire de l'arrêt de la Cour d'Appel de Paris (8ème ch. Sec. B, du 23 mai 2002, Armement national-Emanation de l'Etat, Saisie Attribution, Droit Maritime français, n°629, Septembre 2002.

LA SAISIE-VENTE ET L'HYPOTHEQUE MARITIME

par Maître Claude COELHO,
Avocat au Barreau de Pointe-Noire
Ancien Bâtonnier, Membre ACODM

I- LA SAISIE-VENTE

La saisie exécution a pour objet la vente aux enchères publiques du navire et la distribution du prix de vente entre les créanciers munis d'un titre exécutoire (jugement rendu en dernier ressort, impôts ou taxes). Le créancier peut demander pour le recouvrement de sa créance la vente forcée du navire appartenant à son débiteur.

La saisie exécution porte sur un navire (1), la procédure (2), le PV de saisie (3), la publicité (4) et la vente et les effets (5).

1- Le navire

Tous les navires évoqués précédemment lors de l'exposé sur la saisie conservatoire sont susceptibles d'être saisis exécutoirement. Le navire en construction, puisque l'Art. 152 du CCMM dit que le PV de la saisie est transcrit dans le délai de 7 jours au barreau de l'immatriculation du navire, délai augmenté de 20 jours si le lieu de la saisie et le lieu où le registre des immatriculations est tenu ne sont pas situés dans le même Etat de la CEMAC.

2- La procédure : le commandement

Aux termes de l'Art. 158 du CCMM, le commandement doit être fait à la personne du propriétaire ou du capitaine ou du consignataire du navire.

Cependant, il ne peut être procédé à la saisie exécution que 24 heures après le commandement de payer. Cet intervalle de 24 heures pourrait être critiquable du fait que le navire pourrait s'échapper entre le commandement et la saisie.

L'éventualité de la disparition du navire peut être déjouée par la pratique préalable d'une saisie conservatoire qui à pour effet immédiat l'immobilisation du navire.

Aussi et quel que soit le délai, nous pensons qu'il n'est pas nécessaire de lui accorder une importance particulière du moment que le débiteur aura tout le temps de s'acquitter de sa dette et faire échec à la saisie exécution durant toutes ces phases et, en tous les cas, avant la vente définitive.

3- Le procès-verbal de saisie

1. Etablissement

L'agent d'exécution établit un procès-verbal de saisie en énonçant les renseignements signalés dans l'Art. 152 du CCMM. Il fait toujours, selon le même article, l'énonciation et la description des chaloupes, canots, agrès, ustensiles, armes, minutions et provisions.
Il désigne en même temps un gardien. Celui-ci est aux termes de l'article 154 du CCMM, l'autorité maritime compétente.

La copie du procès-verbal est notifiée par les soins du saisissant au débiteur dans le délai précité de 3 jours afin de le faire citer devant le juge autorisant la vente (article 160 CCMM).

Si le propriétaire n'est pas domicilié dans le ressort du Tribunal, la signification lui est faite en la personne du capitaine du bâtiment saisi ou en cas d'absence en la personne de celui qui représente le propriétaire à savoir le consignataire du navire dans le délai augmenté à trente (30) jours conformément à l'alinéa 2 et 3 de l'article 160 du CCMM.

S'il est domicilié en dehors de la zone CEMAC et non représenté, les citations et les significations sont faites ainsi qu'il est prescrit CPCCAF, c'est à dire transmises par la voie administrative pour être acheminées par la voie diplomatique, sous réserve des dispositions prévues par les conventions diplomatiques.

Dans ce dernier cas, le Code communautaire de la marine marchande n'a pas imposé au saisissant de délai. Celui-ci dépendra donc de la diligence du saisissant.

2. Transcription

Le procès-verbal de saisie est transcrit dans le délai de 7 jours au bureau de l'immatriculation du navire.

Ce délai est porté à 14 jours si le lieu de la saisie où le registre est tenu n'est pas situé dans le même Port.

L'autorité qui procède à cette transcription délivre au saisissant dans les 3 jours de celle-ci (jours fériés non compris) un état des inscriptions étant rappelé que les délais sont francs.

3. Dénomination aux créanciers inscrits

L'art. 162 du CCMM prescrit au saisissant, 7 jours après la délivrance de l'état des inscriptions qui lui ont été faites par le bureau de l'immatriculation du navire, de notifier aux créanciers inscrits, aux domiciles élus dans leurs inscriptions, l'assignation prévu à l'art. 3 c'est-à-dire la requête aux fins d'autoriser la vente et la fixation de la mise-à-prix.

Les créanciers ont, pour intervenir s'ils le jugent utile, un délai de 30 jours. Passé ce délai, ils seront forclos.

4. Publicité

Après l'intervention d'un jugement ayant acquis la force de la chose jugée autorisant la vente et fixant le montant de la mise-à-prix sur la base d'expertise, la vente aura lieu après les publicités d'usage prévues dans le Code de Procédure Civile.

L'avis de vente est publié dans les journaux, placardé aux endroits réservés à cet effet aux tribunaux, sur le navire lui-même, aux ports et en tout autre endroit fixé par le Président du Tribunal soit d'office soit sur la demande de la partie la plus diligente.(articles 164 et 165 Code communautaire de la marine marchande).

Nous estimons que, compte tenu de l'importance de l'enjeu, la publicité pourrait être faite même en dehors de la zone CEMAC afin de prévenir les spécialistes internationaux dans la vente des navires par voie de presse spécialisée.

L'annonce et l'affiche doivent comporter le maximum de données concernant le navire et en, tous les cas, indiquer les renseignements édictés par l'Art. 165 alinéa 2 du Code communautaire de la marine marchande.

5. La vente

La vente se déroule en trois phases :

1) Notification de la vente forcée

Préalablement à la vente forcée d'un navire dans un Etat partie, l'autorité compétente de cet Etat partie veille à ce qu'une notification soit adressée conformément au présent article.

- A tous les titulaires d'hypothèques, de « mortgages » ou de droits inscrits qui n'ont pas été constitués au porteur.

- A tous les titulaires d'hypothèques, de « mortgages » ou de droits inscrits constitués au porteur et à tous les titulaires de privilèges maritimes énumérés à l'article 4, sous réservc que l'autorité compétente chargée de procéder à la vente forcée reçoive notification de leurs créances respectives.

- Au propriétaire du navire, dont le nom est inscrit au registre.

Cette notification est adressée au moins 30 jours avant la vente forcée et mentionne :

a) Soit la date et le lieu de la vente forcée et les renseignements concernant la vente forcée ou la procédure aboutissant à celle-ci que l'autorité de l'Etat partie chargée de la procédure juge suffisants pour protéger les intérêts des personnes habilitées à recevoir notification.

b) Soit, si le lieu et la date de la vente forcée ne peuvent être déterminés avec certitude, la date approximative et le lieu prévu de la vente forcée ainsi que les renseignements concernant celle-ci que l'autorité de l'Etat partie chargée de la procédure juge suffisants pour protéger les intérêts des personnes habilitées à recevoir notification.

c) Dans l'éventualité évoquée à l'alinéa b) ci-dessus, notification supplémentaire de la date et du lieu effectifs de la vente forcée est donnée dès que ces dates et lieu sont connus mais, en tout état de cause, sept jours au moins avant la vente forcée.

La notification spécifiée au paragraphe 2 du présent article est adressée par écrit soit en courrier recommandé, soit par tout moyen de communication électronique ou autre moyen approprié donnant lieu à un accusé de réception, aux personnes intéressées visées au paragraphe 1, si elles sont connues.

En outre, la notification est publiée par voie de presse dans l'Etat où la vente forcée est réalisée et si, les autorités réalisant la vente forcée le jugent utile, dans d'autres publications.
La vente aux enchères publiques se déroule aux jours et heures fixés par la publicité devant le secrétaire greffier.

Si dans le délai de sept jours, aucune offre n'est faite, le tribunal rend un jugement autorisant l'ouverture de nouvelles enchères assorties d'une mise à prix inférieur.

La vente se fait à l'audience de criées du tribunal compétent, quinze jours après apposition d'affiche et insertion de cette affiche dans un journal d'annonces légales, sans préjudice de toutes autres publications qui peuvent être autorisées par ce tribunal.

Néanmoins, le tribunal peut ordonner que la vente sera faite soit à l'étude et par le ministère d'un notaire, soit en tout autre lieu du port où se trouve le navire saisi.

Dans ces divers cas, le jugement règle la publicité.

Les affichages sont apposés au grand mât ou sur la partie la plus apparente du bâtiment saisi, à la porte principale du tribunal devant lequel on procèdera, en place publique ou sur le quai du port où le bâtiment est amarré, à la Chambre de Commerce, au Bureau des douanes et au siège de la circonscription maritime du lieu de vente.

2) Les mentions que doivent indiquer les affiches :

- les noms, profession et demeure du poursuivant ;
- les titres en vertu desquels il agit ;
- le montant de la somme qui lui est due ;
- l'élection de domicile par lui faite dans le lieu où siège le tribunal compétent et dans le lieu où se trouve le bâtiment ;
- les noms, profession et domicile du propriétaire du bâtiment saisi ;

- le nom du bâtiment et, le cas échéant, le nom du capitaine, ainsi que la puissance motrice en cas de propulsion mécanique ;
- le lieu où il se trouve ;
- la mise à prix et les conditions de la vente ;
- les jours, lieu et heure de l'adjudication.

4-La surenchère ou folle-enchère

A peine de folle enchère, l'adjudicataire est tenu de verser le prix principal augmenté de frais et intérêts au greffe du tribunal compétent dans les vingt-quatre heures de l'adjudication.

A défaut de paiement ou de consignation, le bâtiment est remis en vente et adjugé, trois jours après une nouvelle publication et affiche unique, à la folle enchère des adjudicataires qui seront également tenus pour le paiement du déficit, des dommages, des intérêts et frais.

5-Le paiement et la distribution du prix

a. Consignation du prix

L'adjudicataire consigne le prix, sans frais, entre les mains du Greffier. A défaut de paiement ou de consignation, la vente est résolue de plein droit. Sans préjudice de dommages et intérêts auxquels il peut être condamné, l'adjudicataire défaillant est tenu au paiement de la différence entre son enchère et le prix de revente et des frais.

b. Ouverture de la distribution

La convocation pour la distribution fait l'objet d'une publicité par affichage dans l'auditoire du tribunal et insertion dans un journal d'annonces. Le délai de convocation est de quinzaine sans augmentation en raison de la distance.

c. Production de leurs créances par les créanciers opposants

Les créanciers opposants sont tenus de produire au greffe leurs titres de créances dans les trois jours qui suivent l'adjudication faute de quoi il est procédé à la distribution du prix de la vente sans qu'ils y soient compris.

d. Distribution amiable

Le CCMM ne contient pas de règles applicables à la distribution amiable. Sauf sursis du juge jusqu'à ce que les parties s'accordent pour faire établir une quittance notariée (radiation des inscriptions et paiement du prix), une ordonnance de constat d'accord et de radiation est immédiatement rendue.
Le greffier délivre alors les bordereaux de collocation exécutoires.

La même ordonnance autorise la radiation, sur la demande de toute partie intéressée, par l'autorité préposée au bureau d'immatriculation, des inscriptions des créanciers non colloqués.

e. Distribution judiciaire

A défaut d'entente entre les créanciers, le juge dresse procès-verbal de leurs prétentions et contredits. Dans la huitaine, chacun des créanciers doit déposer au greffe une demande de collocation avec titre à l'appui. A la requête du plus diligent, les créanciers sont, par simple acte extrajudiciaire, appelés devant le tribunal, qui statue à l'égard de tous, même des créanciers privilégiés.

Le délai d'appel est de dix jours à compter de la signification du jugement, outre les délais de distance prévus en matière de procédure civile. L'acte d'appel doit contenir assignation et énonciation des griefs, à peine de nullité.

Dans les huit jours qui suivent l'expiration du délai d'appel et, s'il y a appel, dans les huit jours de l'arrêt, le juge déjà assigné dresse l'état des créances colloquées en principal, intérêts et frais. Les intérêts des créances utilement colloquées cesseront de courir au détriment de la partie saisie

La collocation des créanciers et la distribution des deniers sont faites entre les créanciers privilégiés et hypothécaires, suivant leur ordre et entre les autres créanciers, au prorata de leurs créances. Tout créancier colloqué l'est, tant pour son principal que pour ses intérêts et frais.

Les dépens des contestations ne peuvent être pris sur les deniers à distribuer, sauf les frais de l'avocat le plus ancien.

Sur ordonnance rendue par le juge, le greffier délivre les bordereaux de collocation contre la Caisse des dépôts et consignations, comme il est prévu en matière de saisie immobilière. La même ordonnance autorise la radiation, sur demande de toute partie intéressée, des inscriptions des créanciers non colloqués.

6- Les incidents de la procédure

Au cours du déroulement de la procédure de la saisie vente, des incidents peuvent surgir soit pour l'annuler soit tout simplement pour la suspendre momentanément.

Aussi, le débiteur peut prétendre à la nullité d'un acte quelconque de cette procédure et demander au Président du Tribunal, parallèlement à l'assignation au fond, le sursis à l'exécution.

Par ailleurs un copropriétaire peut faire une demande en distraction afin de voir échapper sa part dans le navire à la vente mais cette action est irrecevable si le saisissant est créancier de plus de la moitié du prix.

Cette action se transforme alors en contredit sur le prix consigné de la vente.

Si au jour désigné pour la vente, il n'est pas fait d'offre, le tribunal fixe une nouvelle mise-à-prix, inférieure à la première.

1. A peine d'irrecevabilité, les demandes en distraction sont formées et notifiées au greffe du tribunal 48 heures avant la date d'adjudication.

2. Si ces demandes sont formées postérieurement à ce délai, elles seront converties de plein droit en opposition à la distribution du produit de la vente.

3. A peine d'irrecevabilité, toutes autres oppositions à la distribution du produit de la vente seront reçues dans les trois jours suivant la date de l'adjudication.

4. Le demandeur ou l'opposant a trois jours pour fournir ses moyens.

5. Le défendeur a trois jours pour contester.

6. La cause est portée à l'audience du tribunal sur simple citation.

7. Les effets de la vente

Ils sont de trois ordres à savoir le transfert de propriété et la purge de tout privilège et leur radiation.

L'adjudicataire, après consignation du prix de la vente, devient propriétaire d'un navire purgé de tout privilège, hypothèque et créance. Cette purge emporte également de plein droit mainlevée de l'opposition du départ du navire.

De même, la vente du navire met fin au droit de suite qui est transporté sur le prix consigné et ensuite distribué dans l'ordre des créanciers privilégiés et hypothécaires, les créanciers chirographaires venant en dernier lieu.

Les frais et dépenses provoqués par la saisie conservatoire ou par la mesure d'exécution et par la vente qui l'a suivie sont payés les premiers par la vente qui l'a suivie sont payés les premiers par prélèvement sur le produit de la vente.

Ces frais et dépenses comprennent notamment les frais de conservation du navire et d'entretien de l'équipage, ainsi que les gages, autres sommes et frais mentionnés à l'alinéa a) du paragraphe 1 de l'article 4, encourus depuis la date de la saisie conservatoire ou de la mesure d'exécution.

Ainsi la distribution du solde du prix de vente est faite aux termes de l'article 172 du Code communautaire de la marine marchande, conformément à la procédure dite « distribution par attribution » réservée à la distribution des deniers provenant des exécutions de toute nature.

Le solde du produit de la vente est distribué conformément aux dispositions de la présente convention, à due concurrence des créances respectives.

Après désintéressement de tous les créanciers, le reliquat éventuel du produit de la vente est versé au propriétaire et peut être librement transféré.

Un Etat partie peut prévoir dans sa législation qu'en cas de vente forcée d'un navire échoué ou coulé suite à l'enlèvement de celui-ci par une autorité publique aux fins de la sécurité de la navigation ou de la protection du milieu marin, les frais de cet enlèvement sont prélevés sur le produit de la vente par préférence à toutes les autres créances garanties par un privilège maritime sur le navire.

Si au moment de la vente forcée le navire est en la possession d'un constructeur ou d'un réparateur de navires qui, en vertu des lois de l'Etat partie dans lequel la vente a lieu, jouit d'un droit de rétention, le constructeur ou le réparateur de navires doit abandonner la possession du navire à l'acheteur mais est habilité à obtenir le règlement de sa créance sur le produit de la vente après que les créances des titulaires des privilèges maritimes mentionnés à l'article 4 ont été honorées.

Lorsqu'un navire immatriculé dans un Etat partie a fait l'objet d'une vente forcée dans tout Etat partie, l'autorité compétente délivre à la demande de l'acheteur, un certificat attestant que le navire est vendu libre de toutes hypothèques, tous « mortgages » ou tous droits inscrits, à l'exception de ceux que l'acheteur a pris en charge, et de tous privilèges et autres charges sous réserve que les conditions mentionnée aux alinéas a) et b) du paragraphe 1 aient été respectées.

Sur production de ce certificat, le conservateur est tenu de radier la totalité des hypothèques, « mortgages » ou droits inscrits, à l'exception de ceux que l'acheteur a pris en charge et d'immatriculer le navire au nom de l'acheteur ou de délivrer un certificat de radiation aux fins de la nouvelle immatriculation, selon le cas.

Les Etats parties veillent à ce que tout produit d'une vente forcée soit effectivement disponible et librement transférable.

Aussi tout créancier non inscrit doit produire ses titres à peine de déchéance, dans le délai de 3 jours après la publication de l'ouverture de la procédure de distribution article 171 à 173 alinéa 5.

Le délai d'appel est de dix jours courant de la signification du jugement, outre les délais de distance prévus en matière de procédure civile.

L'acte d'appel doit contenir assignation et l'énonciation des griefs, à peine de nullité.

Dans les huit jours qui suivent l'expiration du délai d'appel et, s'il y a appel, dans les huit jours de l'arrêt, le juge déjà commis dresse l'état des créances colloquées en principal, intérêts et frais. Les intérêts des créances utilement colloquées cesseront de courir au détriment de la partie saisie.
La collocation des créanciers et la distribution des deniers sont faites entre les créanciers privilégiés et hypothécaires suivant leur ordre et entre les autres créanciers au marc le franc de leurs créances. Tout créancier colloqué l'est, tant pour son principal que pour ses intérêts et frais.

Sur ordonnance rendue par le juge, le greffier en chef du tribunal compétent procède au règlement des créanciers dans le délai de quinze jours à compter de ladite ordonnance.

Dans le même délai, le solde est remis au débiteur.

A l'expiration de ce délai, les sommes qui sont dues produisent intérêts au taux légal.

La même ordonnance autorise la radiation des inscriptions des créanciers non colloqués. Il est procédé à cette radiation sur demande de toute partie intéressée.

Les délais prévus dans le présent titre sont des délais francs.

Enfin, l'adjudication du navire met fin aux contrats en cours concernant l'exploitation du navire, notamment le contrat d'affrètement, et le contrat d'engagement du capitaine.

Toutefois, le capitaine du navire a droit à une indemnité dont le montant est fixé par le tribunal, si le nouveau propriétaire du navire ne le maintient pas à son poste, ou dans un emploi équivalent.

En ce qui concerne l'affrètement, le nouvel acquéreur doit au moins terminer le voyage en cours pour le compte de l'affréteur. A défaut, l'affréteur a droit à une indemnité payable par le nouvel acquéreur, dont le montant est déterminé par le tribunal.

En cas de vente forcée du navire dans un Etat partie, la totalité des hypothèques, « mortgages » ou droits inscrits, à l'exception de ceux que l'acheteur a pris en charge avec le consentement des titulaires, et tous les privilèges et autres charges de quelque nature que ce soit cessent de grever le navire, à condition.

a) Qu'au moment de la vente le navire se trouve dans la zone relevant de la juridiction de cet Etat.

b) Que la vente ait été réalisée conformément aux lois dudit Etat et aux dispositions de l'article 11 et du présent article.

II- L'IMMOBILISATION FORCEE DES NAVIRES PAR L'AUTORITE PUBLIQUE

La saisie d'un navire conservatoire ou exécution n'est pas toujours le fait de créanciers ordinaires, de personnes privées, elle peut être aussi le fait d'une autorité en temps de paix comme en temps de guerre.

Aussi, il arrive que les autorités d'un pays considèrent qu'ils ont le droit de réquisitionner les navires de commerce étrangers en temps de guerre et même en temps de paix (l'Angarie), de saisir les navires et les prendre en gage à titre de représailles ou de moyens de pression (Embargo) ou tout simplement suspendre la sortie de navires étrangers.

Une immobilisation du navire peut avoir aussi lieu par le fait d'une grève de dockers pour des raisons politiques ou syndicales pour obtenir le paiement de salaires, l'amélioration des conditions de vie ou encore le blocus des ports par les marins pêcheurs.
Sur le plan du droit international, suite à l'accident de l'Amoco Cadiz, des saisies peuvent être prises pour favo-

riser la sécurité de la navigation en mer et donc empêcher le départ de certains navires qui ne sont pas en état de navigabilité et constituent un danger pour la navigation.

Il s'agit aussi de prévenir la pollution (juridiction de l'Etat du port) ou d'en assurer la répression (juridiction de l'Etat côtier).

Les douanes procèdent également à saisie soit pour des infractions d'ordre fiscal soit en considérant le navire comme moyen de transport et pour cette qualité, il devient susceptible de saisie ou plus exactement de consignation s'il transporte l'objet de la fraude (Art. 112 du Code des Douanes).

Il y a donc bien autonomie d'un droit pénal maritime et douanier par rapport au droit commun de la saisie du navire. Il s'agit de mesures d'ordre public qui l'emportent sur les dispositions du droit commun, relatives à la saisie et la vente du navire, mais en dehors de la notion répressive et même quand il s'agit de l'administration, l'état de droit exige que la justice soit requise pour ordonner l'immobilisation du navire.

III- L'HYPOTHEQUE MARITIME

A- Les conditions de l'inscription hypothécaire

Le législateur communautaire a repris les règles de l'hypothèque immobilière prévue par l'Acte Uniforme portant organisation des procédures simplifiées de recouvrement et des voies d'exécution pour traiter de l'hypothèque maritime.
Elles concernent la réalisation de l'opération d'inscription (1) et le temps pendant lequel l'inscription peut être prise (2).

1-La réalisation de l'opération d'inscription

L'inscription s'effectue sur un registre spécial, ayant uniquement pour fonction de recevoir les inscriptions hypothécaires dénommé registre national d'hypothèque maritime, tenu par l'autorité administrative compétente qui en assure la conservation et la publicité. Ce registre reçoit tant l'inscription initiale que les modifications subséquentes qui si elles ne sont pas enregistrées, ne sont pas opposables aux tiers.
Les modalités relatives au dossier d'inscription ne relèvent pas du code, mais de l'autorité maritime compétente de chaque Etat membre. Le Code communautaire de la marine marchande précise néanmoins les mentions obligatoires qui doivent être portées sur le registre des hypothèques. Il s'agit du nom et de l'adresse du titulaire de l'hypothèque ou le fait qu'elle ait été constituée au porteur, le montant maximal garanti, la date et le rang d'inscription.

Exceptionnellement, l'inscription peut d'abord s'opérer sur les titres de nationalités provisoires, lorsque l'hypothèque est constituée sur un navire acheté hors du territoire de la CEMAC, avant son immatriculation dans un Etat membre. Dans ce cas particulier, l'inscription est une véritable condition de validité de l'hypothèque.

2-L'absence de délai d'inscription

L'inscription de l'hypothèque maritime n'est pas enfermée dans un délai. Elle peut être prise dès la constitution de l'hypothèque jusqu'à l'extinction de la créance garantie, à condition que ne survienne pas un des évènements arrêtant le cours des inscriptions ou pouvant empêcher une inscription. Ainsi, aucune inscription ne peut plus être prise dans les cas suivants : décès du propriétaire du navire, faillite ou liquidation judiciaire, transcription du procès-verbal de saisie. Il y va de l'intérêt du créancier de procéder dans les plus brefs délais à l'inscription de sa sûreté, pour assurer non seulement l'opposabilité de sa sûreté, mais la priorité de son rang dans le cas où le navire ferait l'objet de plusieurs hypothèques.

L'absence de mentions relatives au délai d'inscription dans le Code communautaire de la marine marchande pose la problématique sur la possibilité pour un Etat membre de prévoir dans sa législation un délai pour l'inscription hypothécaire. A priori, rien ne s'y oppose mais presque tous les Etats de la CEMAC ayant ratifié ce Traité de l'OHADA c'est le délai prévu à l'Acte Uniforme portant organisation des procédures simplifiées de recouvrement et des voies d'exécution qui s'appliquerait bien que l'inscription ne soit pas une condition d'existence de l'hypothèque maritime, mais a pour but l'opposabilité de la sûreté aux tiers.

B- Les effets de l'inscription hypothécaire

L'inscription de l'hypothèque n'est qu'un mode de publicité. Elle ne peut donc couvrir les vices de constitution de la sûreté, mais a pour but de rendre la sûreté opposable aux tiers et de conserver la créance hypothécaire.

1-L'effet d'opposabilité

C'est la publicité qui rend l'hypothèque opposable aux tiers. Les tiers sont tous les autres créanciers du constituant, tant les créanciers hypothécaires postérieurs à l'inscription, que les créanciers chirographaires et les acquéreurs d'un droit réel sur le navire. C'est cette publicité qui permet aux hypothèques constituées sur un navire étranger avant l'octroi de la nationalité, de produire effet. L'inscription va même plus loin et devient la condition de reconnaissance internationale de l'hypothèque maritime posée par la Convention de 1993.

Afin d'assurer l'effectivité de la publicité, le registre d'hypothèque doit être accessible au public. Sur demande de tout intéressé, le conservateur délivre un extrait du registre. De plus, l'autorité maritime compétente du port d'immatriculation du navire est destinataire d'office d'une copie des inscriptions et des radiations hypothécaires.

Enfin, un extrait du registre des hypothèques concernant le navire doit être tenu à bord.

Au-delà de la publicité, l'inscription vise aussi la conservation de l'hypothèque et de la créance garantie.

2-L'effet de conservation

Aux termes de l'article 88 du Code communautaire de la marine marchande, l'inscription conserve l'hypothèque pendant 10 ans à compter du jour de cette date.
Elle conserve aussi la créance dans son montant en principal, ainsi que les intérêts échus après l'inscription, s'il est fait mention que le capital est productif d'intérêts. Dans ce cas, l'inscription garantit deux années d'intérêts en sus de l'année en cours au même rang que le capital.

Elle doit être renouvelée pour se proroger, auquel cas, leur effet cesse et l'inscription est périmée.

Au regard du silence du Code communautaire de la marine marchande sur la péremption de l'hypothèque, seul le juge national peut décider casuistiquement et selon les circons-

tances individuelles si l'inscription hypothécaire est ou non périmée.
L'hypothèque maritime du Code communautaire de la marine marchande peut aussi faire l'objet de radiation. La radiation est une « *opération qui vise à rendre l'inscription hypothécaire inexistante aussi bien dans les rapports entre les parties que dans les rapports des parties avec les tiers* ». Celle-ci peut intervenir soit « *du consentement des parties ayant capacité à cet effet, soit en vertu d'une décision de justice passée en force de chose jugée* ».

Elle doit être publiée dans les mêmes formes et selon la même procédure que celles observées pour l'inscription de l'acte constitutif d'hypothèque. Le navire est de ce fait purgé de toutes les hypothèques antérieures.

On peut à ce niveau se demander si la vente judiciaire à l'étranger entraîne dans tous les cas la radiation des hypothèques sur le registre.

La rédaction de l'article 99 laisse penser que cela est possible, d'autant plus que la vente judiciaire à l'étranger n'est pas interdite sous réserve de la réalisation de l'hypothèque dans le respect des droits des créanciers, quel que soit le lieu de saisie du navire.

C- Les restrictions aux droits du constituant

Le Code communautaire de la marine marchande a appréhendé les deux situations qui auraient pu constituer des obstacles majeurs à l'exercice des droits des créanciers hypothécaires à savoir l'absence de dépossession et le caractère international du déplacement du navire.

S'il est constant qu'avant l'exercice de l'action hypothécaire, cette garantie laisse au débiteur la maîtrise de ses biens et que celui-ci conserve les pouvoirs d'user et de tirer les fruits de son bien, il est non moins constant que dès l'exercice de l'action hypothécaire, ce droit de disposer se trouve considérablement amoindri et de nombreuses sanctions entourent le respect de ces restrictions, leur donnant ainsi une force obligatoire indéniable.

Les restrictions légales aux droits du constituant sur son navire sont de deux ordres. La première est relative à l'interdiction de toute opération volontaire qui entraîne la perte de nationalité d'un bâtiment grevé d'une hypothèque en violation de l'article 25 sur les conditions de la perte de nationalité d'un navire.

La seconde restriction concerne l'interdiction de vente du navire à un tiers, soit dans un Etat membre de la CEMAC, soit à l'étranger.

Si la restriction se comprend aisément pour la vente aux étrangers ou à l'étranger, puisqu'il s'agit d'éviter que le débiteur ne tente de soustraire le bien à sa loi d'origine, elle se justifie moins en ce qui concerne la vente volontaire dans un Etat membre à des nationaux.

On aurait pu en effet penser que le créancier hypothécaire pourrait toujours mettre en œuvre son droit de suite à l'égard du tiers acquéreur, qui ne rencontre de difficulté que lorsque le navire change de nationalité à moins que le législateur ne soit animé par la crainte de voir le tiers acquéreur à son tour vendre le navire dans des conditions entraînant la perte de nationalité, encore que les restrictions quant à la nationalité n'affecte que les droits du constituant et non du tiers acquéreur.

En tout cas, tout est mis en œuvre pour que le bâtiment reste sous l'emprise du constituant, afin de faciliter la saisie du navire, laquelle s'exerce plus facilement lorsque le lien de nationalité n'est pas rompu, bien plus, lorsque le navire reste la propriété du constituant. C'est en effet ce lien qui rattache le navire à un système juridique applicable quel que soit le lieu où il se trouve.

L'action hypothécaire serait perdue si le lien qui justifie le droit du créancier sur le navire n'existe plus. C'est ici que l'immobilisation du navire apparaît plus que jamais comme une fiction, puisque le navire peut changer d'Etat d'immatriculation, de nationalité, et par conséquent de lieu d'immobilisation et de système juridique.

Par les restrictions évoquées, le Code communautaire de la marine marchande vise alors à maintenir l'immobilisation du navire en zone CEMAC. Mais les articles 97 et 98 du Code communautaire de la marine marchande qui posent les restrictions aux droits du constituant portent en eux-mêmes leur limite.

En effet, seules les actions volontaires sont interdites, ceux qui n'excluent pas les opérations forcées. L'on pense ici à la vente judiciaire du navire.

Celle-ci n'entraîne pas de difficulté lorsqu'elle est effectuée dans un Etat membre de la CEMAC. Tout le problème réside dans la vente judiciaire du navire à l'étranger, surtout si l'Etat du lieu de saisie ne reconnaît pas les droits du créancier hypothécaire.

Pour la jurisprudence française une telle vente ne purge pas les hypothèques et quand le navire revient en France, le créancier hypothécaire qui n'a pas été désintéressé peut donc le saisir entre les mains de l'acquéreur.

C'est pour réduire ces risques que de nombreuses conventions internationales ont été élaborées, ayant pour but d'harmoniser le régime de l'hypothèque maritime.
La question ne se posera pas lorsque l'hypothèque maritime est reconnue par l'Etat où le navire doit être vendu judiciairement.
Cependant, ces conventions sont pour la plupart ineffectives. Le risque bien que réduit pour la vente volontaire, laquelle est même assortie de sanctions, demeure alors, s'agissant de la vente judiciaire à l'étranger.

D-Sanctions à l'encontre du constituant fautif

Les restrictions aux droits du constituant sont assorties de sanctions tant pénales que civiles. S'agissant des sanctions civiles, le Code Communautaire de la Marine Marchande précise la nature de la sanction dans un cas (vente volontaire), dans l'autre se contente juste de poser l'interdiction (perte de nationalité), sans faire allusion au sort des actes passés en violation de celle-ci. La sanction qu'il vise est la nullité du contrat de vente. Elle est prononcée en raison du caractère illicite de l'objet.

Le constituant est en outre passible de sanctions pénales, dont le quantum relève de la législation nationale. Au Congo, c'est l'article 406 qui s'applique. L'infraction est un abus de confiance, et est punie d'un emprisonnement de 2 mois au moins à 2 ans au plus et d'une amende de 240.000 au moins à 2.400.000 au plus de francs.
L'application des sanctions ne se fait pas de manière aveugle. L'intention de contourner la règle de droit doit être rapportée (article 97 alinéa 2). L'article 98 Code

communautaire de la marine marchande va plus loin et parle de fraude. Or, on sait que la fraude trouve comme limite la difficulté de prouver l'intention frauduleuse. Une lecture a contrario des articles 97 et 98 semble par ailleurs laisser entendre que l'absence d'intention frauduleuse fait échapper le constituant à toutes sanctions, au détriment du créancier.

En France, la sanction s'étend aussi sur le plan administratif et consiste au refus de radier le navire. Mais cette sanction est limitée, car si le navire est vendu à l'étranger, l'acquéreur peut se passer de l'autorisation administrative.

Dans tous les cas, ces sanctions visent à décourager tout constituant qui serait tenté de poser un acte rendant incertain le droit du créancier hypothécaire. Mais cette incertitude demeure toutefois pour les navires immatriculés dans un Etat membre lorsque celui-ci est à l'étranger. Quant aux navires étrangers, le régime mis en place par le Code communautaire de la marine marchande leur est assez favorable, et de nature à instaurer une certaine confiance dans le système juridique de la CEMAC, qui accepte le déplacement des navires étrangers hypothéqués dans cet espace.

E- La vente d'un navire grève d'hypothèque

1-La saisie-vente doit en principe toujours être précédée d'une saisie conservatoire

Cependant, la créance hypothécaire n'étant pas comprise dans la liste des créances maritimes de l'article 119 du Code communautaire de la marine marchande, le doute naît quant à la possibilité pour le créancier hypothécaire de saisir conservatoirement le navire bien que, le législateur communautaire eût fait référence à la Convention sur la saisie conservatoire des navires de mer, conclue à Genève, le 12 mars 1999, qui elle définit le créancier hypothécaire comme un créancier maritime. Or, qu'il s'agisse de la Convention ou du Code Communautaire de la Marine Marchande, seules les créances maritimes peuvent donner lieu à saisie conservatoire, qui a pour but d'empêcher le départ du navire et ne porte aucune atteinte aux droits du propriétaire.

Donc, si l'on s'en tient à la lettre du Code communautaire de la marine marchande, le créancier hypothécaire ne peut pratiquer une saisie conservatoire, préalablement à la saisie vente, ce qui peut paraître dangereux pour la garantie hypothécaire, compte tenu du risque de distraction du bien pendant la longue procédure de saisie-exécution.

2- La « *saisie vente* » des navires affectés hypothécairement

Lorsqu'elle n'est pas précédée d'une saisie conservatoire, la saisie-vente des navires est demandée au juge du fond et le législateur communautaire soumet cette saisie au formalisme strict de la saisie immobilière prévue à l'Acte Uniforme portant organisation des procédures simplifiées de recouvrement et des voies d'exécution.

En effet, il veut profiter des avantages de cette procédure en termes de protection des divers intérêts en cause, mais cette procédure est longue et périlleuse.

S'agissant des conditions de la saisie vente des navires, elles sont diverses et tiennent tant à la juridiction compétente qu'à la nature des biens et la qualité du créancier. La première exigence est l'obtention du titre exécutoire, qui

constate une créance certaine, liquide et exigible. En transposant l'article 251 de l'Acte Uniforme portant organisation des procédures simplifiées et voies d'exécution, le créancier ne peut poursuivre la vente des navires qui ne lui sont pas hypothéqués qu'en cas d'insuffisance des navires qui lui sont hypothéqués.
La procédure de saisie se poursuit par l'établissement d'un commandement aux fins de saisie, destiné à la fois à mettre en demeure le débiteur de régler sa dette et à placer le navire sous-main de justice.

Si le débiteur ne paie pas, le commandement vaut saisie à compter de son inscription à la conservation de la publicité foncière.

Toutefois, l'article 128 du Code communautaire de la marine marchande semble indiquer que suite au commandement de payer demeuré infructueux, c'est une décision judiciaire qui autorise la saisie.

Un procès-verbal de saisie établi par l'huissier est alors dressé et un gardien est désigné.

C'est l'autorité maritime compétente qui est constituée gardien du navire saisi. Le procès-verbal est inscrit sur le registre des hypothèques maritimes tenu par l'autorité administrative compétente.

L'inscription est requise dans le délai de sept jours à compter de la date du procès-verbal, augmenté de vingt jours si le lieu de saisie et le lieu où le registre est tenu ne sont pas situés dans le même port.

C'est alors que le conservateur des hypothèques délivre au créancier saisissant un état des inscriptions hypothécaires grevant le navire.

Dans les sept ou vingt jours - selon que le domicile élu est situé ou non dans le ressort du tribunal compétent - qui suivent la délivrance de cet état hypothécaire, la saisie est dénoncée aux créanciers inscrits aux domiciles élus dans leurs inscriptions.

Le saisissant doit notifier au propriétaire copie du procès-verbal de saisie et le faire citer devant le tribunal du lieu de saisie pour s'entendre dire qu'il sera procédé à la vente du navire saisi.

3- La vente forcée du navire

La vente forcée est l'issue normale de l'opération de saisie. Mais quelquefois, certains incidents peuvent survenir au cours de la saisie retardant ou anéantissant la vente du navire.
Aux termes de l'article 132 du Code communautaire de la marine marchande, les conditions de la mise en vente du navire saisi sont fixées par le tribunal compétent selon la procédure de droit commun en vigueur pour les ventes forcées d'immeubles. Les conditions de mise en vente concernent les droits et obligations des vendeurs et adjudicataires, le paiement des frais de poursuite et les clauses particulières, les conditions de mise à prix d'enchères, les délais dans lesquels la vente doit avoir lieu.

L'information est réalisée par la voie de l'affichage sur la partie la plus apparente du navire saisi, sur la porte principale du tribunal devant lequel on procèdera à la vente, en place publique ou sur le quai du port où le navire est amarré, à la chambre de commerce, au bureau de la douane et au siège de la circonscription du lieu de saisie.

Conformément à la procédure de saisie immobilière, le navire doit être vendu aux enchères. La procédure de vente et la procédure d'adjudication doivent respecter les conditions de l'Acte Uniforme portant organisation des procédures simplifiées de recouvrement et des voies d'exécution. Il en est de même du paiement du prix de la vente, de la collocation des créanciers, de la distribution des deniers et aussi de tout autre incident né de la saisie exécution à savoir les demandes en distraction et les oppositions.

Lorsque le navire est vendu, le droit de préférence du créancier hypothécaire se reportera sur le prix. Le paiement des créanciers se fera dans l'ordre prévu dans le Code communautaire de la marine marchande, qui se retrouve néanmoins dans une situation bien moins avantageuse que les bénéficiaires de l'hypothèque immobilière, du fait de l'aménagement de leur rang face aux nombreux créanciers privilégiés.

Si le propriétaire n'est pas domicilié dans le ressort du tribunal, les significations et citations lui sont données en la personne du capitaine du bâtiment saisi, ou, en son absence, en la personne de celui qui représente le propriétaire ou le capitaine. Le délai de trois jours est augmenté de trente jours si le destinataire demeure hors du territoire de la C.E.M.A.C.

S'il est étranger, hors du territoire C.E.M.A.C. et non représenté, les citations et significations sont données selon les voies de droit commun.

MOT DE REMERCIEMENT ET DE CLÔTURE DU PRÉSIDENT DE L'ACODM

Colonel Eric DIBAS-FRANCK

Monsieur le Ministre,

En dépit des dangers de la mer, le navire battant pavillon ACODM est arrivé à bon port.

A cet instant, nous les pilotes, l'ensemble de l'équipage, les passagers et leurs bagages disons un grand merci à vous qui êtes le véritable commandant de notre navire.

Grand merci parce que votre implication dans la réussite de ce colloque se passe de commentaire. Nous savons les instructions que vous avez données, nonobstant vos contraintes gouvernementales.

Oui il fallait célébrer le Code ; oui il faut continuer à le vulgariser, oui il faut former tous ceux qui, à un moment ou à un autre, doivent dire le droit maritime.

Notre propos n'est pas innocent. Il se situe dans la droite ligne de la célébration, le 31 juillet courant, à Abidjan République de Côte d'Ivoire, du 30e anniversaire de l'Académie Régionale des Sciences et Techniques de la Mer (ARSTM), institution spécialisée de l'Organisation Maritime de l'Afrique de l'Ouest et du Centre (OMAOC) à laquelle notre pays est membre, depuis sa création.

Comme vous le savez, Monsieur le Ministre, notre pays est sollicité via notre Association pour arbitrer l'assemblée générale de l'Institut Francophone du Droit maritime qui a exprimé le vœu de transférer son siège en terre africaine. Notre association ne ménagera aucun effort afin que ce rendez-vous ait lieu, si possible, à la fin du mois de novembre 2017 à Brazzaville. Tout comme elle est déterminée à faire entendre sa voix dans la perspective de la révision de la convention des Nations Unies sur le droit de la mer, dite Convention de Montego Bay. Pardonnez-nous de dire ici de façon appuyée que c'est un rendez-vous incontournable.

Monsieur le Ministre,

Une voix autorisée a fait la lecture de la synthèse de nos travaux. Nous ne nous y attarderons pas.

Cependant, permettez-nous de dire que s'il est vrai que l'on peut mesurer la réussite d'un évènement en tenant compte du nombre de participants ou d'adhérents, nous pouvons affirmer sans risque d'être démenti que ce qui importait à nos yeux était la qualité des nouveaux adhérents de notre association et les échanges riches de ce colloque. Et là, le pari est gagné.

La dynamique portée par l'Association Congolaise du Droit Maritime a désormais la force de l'évidence. Nous savons combien la mer forge le caractère des hommes et des femmes qui vivent et travaillent à son contact. Nous savons combien elle est exigeante, qu'elle stimule le goût de l'aventure et de l'innovation, qu'elle rend nécessaire le sens du collectif, qui s'exprime pleinement au travers de l'action de l'Association Congolaise du Droit Maritime.

Au moment où nous devons clore notre propos, il s'impose à nous de dire merci à tous les participants, merci à l'Association Française du Droit Maritime. Des remerciements appuyés sont adressés à l'Association Camerounaise du Droit Maritime, particulièrement à son Président Maître Gaston NGAMKAN.

Permettez-nous enfin de reprendre à notre compte, la formule demeurée dans le poème *Les Conquérants* de José Maria Herodia qui disait : « où penchés à l'avant des blanches caravelles. Ils regardaient monter en ciel ignore du fond de l'océan des étoiles nouvelles ».

Bon vent à l'ACODM
En marche pour un développement maritime

COMMUNIQUE FINAL SANCTIONNANT LES TRAVAUX DU COLLOQUE INTERNATIONAL

DES 20 ET 21 JUILLET 2017

Sur le thème : *« cinq ans d'existence et d'application du code communautaire CEMAC de la marine marchande 2012 »*

Il s'est tenu à Pointe-Noire, dans la salle de conférences de la Chambre de Commerce de Pointe-Noire les 20 et 21 juillet 2017, sous le patronage de son Excellence Monsieur le Ministre des Transports, de l'Aviation civile et de la Marine Marchande, Gilbert MOKOKI, le colloque international sur le thème *« cinq ans d'existence et d'application du code communautaire CEMAC de la marine marchande 2012 »* organisé par l'Association Congolaise du Droit Maritime en sigle ACODM avec la collaboration de l'Association Camerounaise du Droit Maritime en abréviation ACDM.

I-DE LA CÉRÉMONIE D'OUVERTURE

La cérémonie d'ouverture s'est déroulée en trois phases dont la première a été ponctuée par quatre (4) interventions, à savoir :

- L'Allocution du Président de l'Association Congolaise du Droit Maritime, le Colonel Eric DIBAS-FRANCK ;

- L'Allocution du Président de l'Association Camerounaise du Droit Maritime, Me. Gaston NGAMKAN ;

- Le mot d'ouverture de son Excellence Monsieur le Ministre des Transports, de l'Aviation Civile et de la Marine Marchande, Gilbert MOKOKI ;

La deuxième phase a été marquée parla signature de l'Accord de Partenariat entre la Chambre consulaire de Pointe-Noire et l'Association Congolaise du Droit Maritime;

La troisième phase, quant à elle, était relative à la tenue de l'Assemblée Générale de l'ACODM.

S'agissant de la première phase, le Président de l'ACODM a d'abord souhaité la bienvenue à tous les participants tout en leur exprimant sa reconnaissance pour avoir accepté de prendre part massivement à cet important colloque. Il a ensuite remercié son Excellence Monsieur le Ministre congolais des Transports, de l'Aviation Civile et de la Marine Marchande d'avoir honoré de sa présence a cette cérémonie.

Après avoir retracé la genèse de l'ACODM, le colonel Eric DIBAS-FRANCK a rappelé l'importance de cette rencontre à l'orée de la célébration de la journée africaine des mers et des océans par l'Union Africaine, du trente-cinquième anniversaire de la Convention des Nations Unies sur le Droit de la mer dite convention de Montego Bay, et de la journée mondiale de la mer édition 2017 sur le thème « connecter navires, ports et personnes ».

Il a ensuite rappelé les objectifs fondamentaux de l'ACODM avant de souligner l'importance de ce colloque.

Enfin, il a justifié la nécessité de la signature du partenariat entre l'ACODM et la Chambre de Commerce de Pointe-Noire avant de projeter sur la nécessité d'instaurer une journée maritime tous les ans à l'occasion de l'Assemblée Générale de l'ACODM, baptisée ''Journée Louis-Marie NOMBO-MAVOUNGOU'', à l'image de la Journée Ripert célébrée par l'Association française du Droit Maritime.
Prenant à son tour la parole, le Président de l'Association Camerounaise du Droit Maritime, Maître Gaston NGAMKAN, a principalement informé l'auditoire de ce que la version révisée du Code communautaire de la marine marchande est, selon l'information reçue du Secrétariat Exécutif de la CEMAC, en cours d'édition et mieux, la version électronique est à présent diffusée en ligne. Par ailleurs, il a loué les actions menées conjointement par les Association Congolaise du Droit Maritime et Camerounaise du Droit Maritime pour la diffusion et la promotion du droit maritime et les activités connexes. Il s'est également félicité de l'envergure et du rayonnement de notre instrument législatif qui va au-delà de notre espace communautaire. Enfin, il a émis le vœu d'un rapprochement entre les différentes Associations africaines du droit maritime, en l'occurrence celles du Cameroun, du Congo et du Sénégal en vue de la mise sur pied du Comité Maritime Africain (CMA).

Clôturant cette série d'allocutions, Son Excellence Monsieur le Ministre des Transports, de l'Aviation Civile et de la Marine Marchande, Gilbert MOKOKI, a remercié vivement l'ACODM pour l'initiative d'avoir organisé ce colloque international. Tout en rappelant l'implication de la République du Congo dans les activités des organisations internationales, Monsieur le Ministre s'est réjoui de ce que notre code communautaire est devenu un instrument essentiel dans l'intégration et le développement de l'économie maritime dans la zone CEMAC. Il constate aussi que ledit code n'est pas suffisamment vulgarisé par les Etat-membres lesquels, par ailleurs, n'ont pas légiféré sur les textes d'application. Enfin, avant de déclarer l'ouverture des travaux de ce colloque international, Monsieur le Ministre a tenu à rappeler aux participants qu'il sera attentif aux conclusions et recommandations issues des travaux de ce colloque.

Concernant la deuxième phase, lecture et signature de la Convention de partenariat entre l'ACODM et la Chambre de Commerce de Pointe-Noire ont été faites, suivies du mot de circonstance du Président de la Chambre de commerce de Pointe-Noire.

Enfin, au sujet de l'Assemblée Générale, la représentante de l'Association Française du Droit Maritime (AFDM), invitée, adonné lecture du courrier adressé par le Président de ladite association à ses consœurs l'Association Congolaise du Droit Maritime (ACODM) et l'Association Camerounaise du Droit Maritime (ACDM). Puis l'Assemblée générale de l'ACODM a commencé suivant l'ordre du jour ci-après :

- Etats des inscriptions
- compte rendu du Comité de direction sur les actions menées depuis la création
- situation de la trésorerie de l'ACODM
- admission de nouveaux membres au sein de l'ACODM
- constatation de la démission de certains membres
- nomination et cooptation de certains membres au Comité de Direction.

II-DU DÉROULEMENT DES TRAVAUX

Les travaux de la conférence thématique se sont déroulés dans l'après- midi de la journée du 20 et se sont poursuivis dans la journée du 21. Ces travaux ont porté sur treize sous-thèmes repartis en quatre sessions.

Ces sous-thèmes ont été abordés dans un style comparatif et persuasif mettant à la fois l'accent aussi bien sur les aspects pratiques que sur les développements doctrinaux. Ces thèmes ont été exposés par différents orateurs, suscitant des débats passionnés et fructueux. Il s'agit des sous-thèmes ci-après :

SESSION 1

Sous-thème 1 : ***Quelques remarques sur le Code communautaire de la marine marchandise de 2012,*** exposé par **Eric DIBAS-FRANCK,** Docteur en Droit, Enseignant de Droit maritime à l'Université Marien NGOUABI, Président de l'ACODM.

Sous thème 2 : ***La réceptivité du Code communautaire de la marine marchande de 2012 devant les juges nationaux des Etats membres***, exposé par **Maître Gaston NGAMKAN,** Docteur en Droit, Avocat au Barreau du Cameroun, Consultant en législation des transports à la CEMAC, Président ACDM.

Sous-thème 3 : ***Cadre global du droit général de poursuite en mer et sort réservé par la justice aux navires en cas de pêche illégale, non déclarée et non réglementée***, par **Serge Cyrille ATONFACK GUEMO,** Capitaine de Frégate, Conseiller technique du Ministre de la Défense du Cameroun,

SESSION 2

Sous-thème 4 : ***Le droit communautaire du travail maritime et la Convention MLC 2006***, par **Jean-Félix MOUTHOUD-TCHIKAYA,** Juriste maritiste, Ancien Directeur Général de la Marine Marchande du Congo ;

Sous-thème 5 : ***Réflexion sur les conditions d'exercice des professions maritimes au regard du contenu local : le cas des succursales***, par **Patrice BAZOLO,** Conseil juridique, Senior manager au Cabinet Price WaterhouseCoopersTax & Legal.

Sous-thème 6 : ***Le Code ISPS au regard du Code communautaire de la Marine marchande de 2002,*** par **Madame Paulette NGO MBOGBA,** Chercheuse indépendante, Membre de l'AFDM.

SESSION 3

Sous thème 7 : ***La mise en œuvre de la responsabilité du transporteur maritime de marchandise,*** par **Jean-Noël B. MAKAYA,** Ancien Directeur Juridique de Bolloré Africa Logistics Congo, Ancien membre de l'AFDM, Secrétaire Général ACODM.

Sous thème 8 : ***L'Action en responsabilité contre l'entrepreneur de manutention***, par **Maître Elisabeth WAMBO,** Avocat au Barreau du Cameroun, Membre ACDM

Sous thème 9 : ***La mise en œuvre de la politique sous-régionale des transports maritimes en matière d'affrètement : le cas du Congo,*** par **Fridolin BILON-**

GUI, Directeur des Transports Maritimes à la Direction Générale de la Marine Marchande du Congo.

SESSION 4

Sous thème 10 : ***La saisie conservatoire des navires,*** par **Maître Roland BEMBELLY,** Docteur en Droit, Avocat au Barreau de Pointe-Noire, Membre ACODM

Sous thème 11 : ***La saisie-vente et l'hypothèque maritime***, par **Maître Claude COELHO,** Avocat au Barreau de Pointe-Noire, Ancien Bâtonnier, Membre ACODM.

Sous thème 12 : ***Les défis juridiques et opérationnels de l'entrepreneur de transport multimodal transmaritime en Zone CEMAC : le cas du Congo,*** par **Zéphirin NGUIMBI,** Docteur en Economie de transport, Directeur Général de la société IGS Logistics, Membre ACODM

Sous thème 13 : ***Le Code CEMAC et la facilitation du trafic maritime international,*** par **Joseph NGUENE NTEPPE,** Docteur en Droit, Secrétaire Général de l'ACODM

Recommandations

A la lumière des échanges, les participants au colloque international sur le thème « cinq ans d'existence et d'application du code communautaire CEMAC de la marine marchande 2012 », organisé par l'Association Congolaise de Droit Maritime (ACODM) en collaboration avec l'Association Camerounaise de Droit Maritime (ACDM),du 20 au 21 juillet 2017 à Pointe-Noire (République du Congo), reconnaissant l'intérêt pour la promotion et la vulgarisation du Droit maritime au Congo et partant en zone CEMAC, recommandent :

1) La nécessité de légiférer sur les textes d'application pour tous les Etats-membres ;

2) La mise en place effective des juridictions maritimes avec pour Cour suprême la Cour communautaire de la CEMAC ;

3) la facilitation du trafic maritime au niveau communautaire et international ;

4) l'application du code communautaire, dans toute sa rigueur, par tous les Etats-membres.

Sur ce, Martin Parfait Aimé COUSSOUD-MAVOUNGOU, Ministre des Affaires Foncières et du Domaine Public, Président d'honneur de l'ACODM, a au nom du Ministre des Transports, de l'Aviation Civile et de la Marine Marchande, clos les travaux du colloque.

Fait à Pointe-Noire, le 21 juillet 2017

Les Participants

TABLE DES MATIERES

Le Congo-Brazzaville
aux éditions L'Harmattan

Dernières parutions

LES JEUNES ET L'EMPLOI AU CONGO-BRAZZAVILLE
Diagnostic et solutions
Mankou Brice Arsène - Préface d'Anatole Collinet Makosso
L'emploi des jeunes est une problématique tellement primordiale qu'elle s'inscrit de nos jours au cœur des politiques publiques. Au Congo, le gouvernement s'attelle à trouver des solutions, en dépit de la crise internationale que connaît ce pays. L'auteur, à partir d'une étude menée au Congo entre 2012 et 2014, fait un diagnostic en y joignant une analyse sur les freins à l'accession au plein emploi des jeunes au Congo.
(Coll. Jeunesse animation sociale et sport, 15.00 euros, 136 p.)
ISBN : 978-2-343-13498-7, ISBN EBOOK : 978-2-14-005355-9

POUR UNE MARINE MARCHANDE AU SERVICE DU DÉVELOPPEMENT
Discours
Coussoud-Mavoungou Martin Parfait Aimé - Préface de Françoise Odier
Cet ensemble de messages, discours et allocutions prononcés par l'auteur entre 1998 et 2015 vise à apporter des réponses aux questions que peuvent se poser les citoyens au quotidien sur les politiques maritimes de l'Afrique de l'Ouest et du Centre. Ce livre peut servir de guide et d'instrument de réflexion à tous les États soucieux de s'engager dans une politique de développement, et aux États pour lesquels exporter et importer constitue un élément essentiel de leur activité.
(Harmattan Congo-Brazzaville, 31.00 euros, 296 p.)
ISBN : 978-2-343-13487-1, ISBN EBOOK : 978-2-14-005263-7

GHISLAIN JOSEPH GABIO
Journaliste et écrivain congolais (1972-2015)
Byhamot François Roger - Préface de Joachim Emmanuel Goma-Thethet
Cet ouvrage décrit le parcours professionnel atypique du journaliste et écrivain Ghislain Joseph Gabio, connu pour sa voix suave et rassurante. C'est une renaissance, un hommage appuyé, de son vivant, pour tous les sacrifices qu'il a consentis de 1972 à 2015. Pendant cette période, il aura collecté, traité et diffusé des informations sur le sport de nombreux continents. Dans le journalisme sportif, il est une fierté africaine, sans doute le journaliste le plus célèbre et le plus fécond de l'histoire congolaise.
(Harmattan Congo-Brazzaville, 17.50 euros, 160 p.)
ISBN : 978-2-343-12654-8, ISBN EBOOK : 978-2-14-004734-3

LE CAPITALISME DÉNATURE LA DÉMOCRATIE

Minimona Justin

Ce livre développe le problème du système économique à appliquer en démocratie pour rendre à ce régime son sens normal. Pour l'auteur, il existe un rapport étroit entre politique et économie. Chaque régime politique a une essence qui le caractérise, comme chaque système économique. À cet effet, si on examine la nature de la démocratie, il apparaît que le système qui lui correspond est le socialisme. Or, la démocratie actuelle se gère avec le capitalisme, ce qui explique qu'elle ait perdu sa substance et soit boudée par la plupart des citoyens.

(Harmattan Congo-Brazzaville, 23.50 euros, 230 p.)

ISBN : 978-2-343-11219-0, ISBN EBOOK : 978-2-14-004554-7

GUIDE DES RELATIONS GOUVERNEMENT-PARLEMENT EN RÉPUBLIQUE DU CONGO

Tsalissan Okombi Digne Elvis

La Constitution du 6 novembre 2015 consacre l'avènement d'une nouvelle ère institutionnelle marquée par le renforcement des pouvoirs du Parlement. Ce nouveau cadre institutionnel implique une gestion plus étroite et plus efficace des relations entre l'exécutif et le législatif en vue de répondre aux exigences du jeu démocratique, de la bonne gouvernance et de la stabilité de l'État. Ce livre expose les méandres de la procédure législative, de l'initiative d'un texte à sa publication au Journal officiel. Il nous plonge aussi dans les coulisses des rapports spécifiques entre le gouvernement et le Parlement.

(Harmattan Congo-Brazzaville, 16.50 euros, 146 p.)

ISBN : 978-2-343-12225-0, ISBN EBOOK : 978-2-14-004248-5

LE QUOTIDIEN DES ARTÈRES URBAINES DU CONGO

Essai de description et d'analyse spatiale

Moundza Patrice

L'aménagement des artères urbaines est, dans une large mesure, à l'origine de la croissance démographique et de la densification de nombre de quartiers des villes congolaises. L'étude de la vie et des activités sur ces avenues montre leur place dans la pratique quotidienne de nombreux citadins. Elles constituent des espaces commerciaux et de loisirs abondamment fréquentés. Les grandes artères n'échappent pas à la crise de l'environnement urbain : trafic automobile de plus en plus intense, embouteillages, éclairage public déficient, déchets de toutes sortes dans les caniveaux...

(Coll. Études africaines, 13.50 euros, 116 p.)

ISBN : 978-2-343-11891-8, ISBN EBOOK : 978-2-14-004286-7

CONQUÊTE, RÉSISTANCE ET TERREUR EN AFRIQUE ÉQUATORIALE FRANÇAISE

Un passé colonial oublié du bassin de l'Alima-Nkeni (1911-1946)

Gassongo Benoît - Préface, introduction et notes par François Onday-Akiera

En 1900, l'Empire français est en marche aux quatre coins du monde. En Afrique centrale, Paris institue un impôt de capitation qui mettra le feu aux poudres. Après l'institution de ce racket, les Français passent à l'application d'une stratégie de mise en condition des populations par l'exercice d'une terreur de masse.

Survivant d'un de ces massacres, Mgr Benoît Gassongo a capté des moments où s'exerça cette terreur de masse reléguée dans le silence du temps et de l'oubli, que l'auteur interroge pour exhumer un passé colonial ignoré des génération actuelles.
(Harmattan Congo-Brazzaville, 20.00 euros, 194 p.)
ISBN : 978-2-343-11702-7, ISBN EBOOK : 978-2-14-004133-4

LA VISION VERTE DE DENIS SASSOU-NGUESSO FACE À UN MONDE EN DANGER ET AVEUGLE
Évangile du management de l'environnement et du développement durable
Peya Michel Innocent
L'auteur consacre ce livre au combat de Denis Sassou-Nguesso, qui ne cesse d'alerter et de prévenir le commun des mortels des dangers liés à la destruction de l'environnement et au changement climatique. Il prône une gouvernance mondiale verte et inclusive en vue d'assurer au profit de la Terre une transition et une intégration écologiques qui épargneraient à notre planète la catastrophe.
(25.00 euros, 270 p.)
ISBN : 978-2-343-12529-9, ISBN EBOOK : 978-2-14-004202-7

RECUEIL DE CONTES VILI
Analyse des parcours figuratifs et symboliques
Gomas Aimée Noëlle
Les contes de ce recueil ont un fond culturel vili (sud-ouest du Congo) et traitent de la totalité des thèmes qui résument la vie de cette société. Ils dévoilent tout ce qu'on ne dit pas, ce que l'on dissimule aux autres, ce que la pudeur arrête sur les lèvres. En proposant une approche des parcours symboliques, ce livre invite chacun à découvrir le sens profond des contes et à les comprendre au second degré.
(Harmattan Congo-Brazzaville, 13.50 euros, 108 p.)
ISBN : 978-2-343-12408-7, ISBN EBOOK : 978-2-14-004366-6

INTRODUCTION À L'HISTOIRE ET AUX CIVILISATIONS DES PEUPLES DE LA LÉKOUMOU (CONGO)
Goma-Thethet Joachim, Ipari Marcel, Mackitha Raymond Timothée
Préface de Jean-François Owaye
Située au sud-ouest du Congo Brazzaville et adossé au massif du Chaillu, la Lékoumou est un département peuplé de quelques milliers d'autochtones (Babongo) et de communautés ethniques appartenant aux aires culturelles teke et kongo. Ce premier travail introductif sur la Lékoumou s'emploie à présenter au public les éléments de l'histoire et des civilisations de cette partie du Congo.
(Coll. Études africaines, 21.50 euros, 206 p.)
ISBN : 978-2-343-09441-0, ISBN EBOOK : 978-2-14-004045-0

LA DÉCHÉANCE DES MŒURS AU CONGO
Les antivaleurs
Nimbi Eugène
Les antivaleurs désignent l'ensemble des comportements contraires à l'éthique morale, professionnelle et politique. Au Congo, les antivaleurs souffrent de ce que leur histoire n'a pas de traces écrites, bien que tout le monde constate leurs

ravages. L'auteur veut tirer la leçon dans l'histoire politique du pays et donner à chacun sa part de responsabilité dans le développement éhonté de ce fléau social.
(Harmattan Congo-Brazzaville, 13.50 euros, 110 p.) ISBN : 978-2-343-12002-7, ISBN EBOOK : 978-2-14-003859-4

LA PAIX AU CONGO BRAZZAVILLE
Antoine-Ganga Dieudonné - Préface d'Albert K.Ekue
Depuis 1997, la situation de la République du Congo-Brazzaville ne s'est pas stabilisée. La paix y est toujours perturbée. La sécurité demeure précaire et trop d'armes restent entre les mains de personnes incontrôlables. Les femmes et les hommes politiques arrogants, obnubilés par leur goût effréné du pouvoir pour le pouvoir foulent aux pieds les intérêts du peuple congolais. Cet ouvrage pose les questions suivantes : Que voulons-nous ? Qui perturbe la paix et pourquoi ? Quelles sont les conditions d'une paix durable et comment y parvenir ?
(Coll. Justice Internationale, 19.00 euros, 178 p.)
ISBN : 978-2-343-11506-1, ISBN EBOOK : 978-2-14-003709-2

RÉSIDENCE EN TERRE BRÛLÉE
M'Bemba-Ndoumba Gaston
Les traumatismes de guerre sont saisis ici dans leur réalité brute, loin des complaintes habituelles. L'auteur s'appuie même sur un humour subtil qui redonne une couleur humaine aux personnages, survolant ainsi leurs déséquilibres. Cet ouvrage s'élève en silence comme un vaste chant qui revendique la vie, signe de l'infini de l'espoir. Cette histoire est vraie, comme peut l'être une histoire imaginée de bout en bout. Cette histoire a été vécue dans une conscience réelle et vraie, pleine de sang visible et invisible ; le sang est toujours vrai.
(Harmattan Congo-Brazzaville, 10.00 euros, 62 p.)
ISBN : 978-2-343-11553-5, ISBN EBOOK : 978-2-14-003643-9

UNE VIE DE BATTANT
Récit
Etou Paul Carroph
Cette autobiographie dresse le parcours atypique de l'auteur, Paul Carroph Etou, qui a su se frayer un chemin de réussite avec l'aide de tous ceux qu'il a connus et connaît encore. Soumis à de rudes épreuves (maladies, jalousie, calomnie, médisance, haine, traîtrise, hypocrisie, et même tentative d'élimination), il s'est battu et se bat encore pour poursuivre sa route avec confiance et assurance.
(Harmattan Congo-Brazzaville, 14.00 euros, 126 p.)
ISBN : 978-2-343-11200-8, ISBN EBOOK : 978-2-14-003584-5

Structures éditoriales du groupe L'Harmattan

L'Harmattan Italie
Via degli Artisti, 15
10124 Torino
harmattan.italia@gmail.com

L'Harmattan Hongrie
Kossuth l. u. 14-16.
1053 Budapest
harmattan@harmattan.hu

L'Harmattan Sénégal
10 VDN en face Mermoz
BP 45034 Dakar-Fann
senharmattan@gmail.com

L'Harmattan Cameroun
TSINGA/FECAFOOT
BP 11486 Yaoundé
inkoukam@gmail.com

L'Harmattan Burkina Faso
Achille Somé – tengnule@hotmail.fr

L'Harmattan Guinée
Almamya, rue KA 028 OKB Agency
BP 3470 Conakry
harmattanguinee@yahoo.fr

L'Harmattan RDC
185, avenue Nyangwe
Commune de Lingwala – Kinshasa
matangilamusadila@yahoo.fr

L'Harmattan Congo
67, boulevard Denis-Sassou-N'Guesso
BP 2874 Brazzaville
harmattan.congo@yahoo.fr

L'Harmattan Mali
Sirakoro-Meguetana V31
Bamako
syllaka@yahoo.fr

L'Harmattan Togo
Djidjole – Lomé
Maison Amela
face EPP BATOME
ddamela@aol.com

L'Harmattan Côte d'Ivoire
Résidence Karl – Cité des Arts
Abidjan-Cocody
03 BP 1588 Abidjan
espace_harmattan.ci@hotmail.fr

L'Harmattan Algérie
22, rue Moulay-Mohamed
31000 Oran
info2@harmattan-algerie.com

L'Harmattan Maroc
5, rue Ferrane-Kouicha, Talaâ-Elkbira
Chrableyine, Fès-Médine
30000 Fès
harmattan.maroc@gmail.com

Nos librairies en France

Librairie internationale
16, rue des Écoles – 75005 Paris
librairie.internationale@harmattan.fr
01 40 46 79 11
www.librairieharmattan.com

Librairie l'Espace Harmattan
21 bis, rue des Écoles – 75005 Paris
librairie.espace@harmattan.fr
01 43 29 49 42

Lib. sciences humaines & histoire
21, rue des Écoles – 75005 Paris
librairie.sh@harmattan.fr
01 46 34 13 71
www.librairieharmattansh.com

Lib. Méditerranée & Moyen-Orient
7, rue des Carmes – 75005 Paris
librairie.mediterranee@harmattan.fr
01 43 29 71 15

Librairie Le Lucernaire
53, rue Notre-Dame-des-Champs – 75006 Paris
librairie@lucernaire.fr
01 42 22 67 13

www.ingramcontent.com/pod-product-compliance
Lightning Source LLC
LaVergne TN
LVHW011005061026
849535LV00006B/1722

* 9 7 8 2 3 4 3 1 3 7 4 8 3 *